Hindsight

William Hind in the Canadian West

L'Ouest canadien selon William Hind: un nouveau regard

Mary Jo Hughes

With an essay by / Avec un essai de

Gilbert L. Gignac

THE WINNIPEG ART GALLERY

3

76. Ox with Red River Cart, c. 1870

Bœufs avec charrette de la rivière Rouge, v. 1870

National Library of Canada Cataloguing in Publication Data
Hind, William G. R., 1833-1889.
  Hindsight : William Hind in the Canadian west = L'Ouest canadien selon William Hind : un nouveau regard

Catalogue of a travelling exhibition held at the Winnipeg Art Gallery, Apr. 25-Aug. 19, 2002, at the Art Gallery of Windsor, Oct. 5-Dec. 8, 2002, and at the McCord Museum, Apr. 3-June 29, 2003.
  Text in English and French.
  Includes bibliographical references.
  ISBN 088915-214-4
  1. Hind, William G. R., 1833-1889--Exhibitions. I. Hughes, Mary Jo. II. Gignac, Gilbert L., 1944- III. Winnipeg Art Gallery. IV. Art Gallery of Windsor. V. McCord Museum of Canadian History. VI. Title. VII. Title: Ouest canadien selon William Hind : un nouveau regard.
  ND249.H5A4 2002   759.11   C2001-911732-9E

ISBN# 0-88915-214-4
Données de catalogage avant publication de la Bibliothèque nationale du Canada
Hind, William G. R., 1833-1889.
  Hindsight : William Hind in the Canadian west = L'Ouest canadien selon William Hind : un nouveau regard

Catalogue d'exposition itinérante tenue à Winnipeg Art Gallery, du 25 avr. au 19 août 2002, à Art Gallery of Windsor, du 5 oct. au 8 déc. 2002, et au Musée McCord, du 3 avr. au 29 juin 2003.
  Texte en anglais et en français.
  Comprend des références bibliographiques.
  ISBN 088915-214-4
  1. Hind, William G. R., 1833-1889--Expositions. I. Hughes, Mary Jo. II. Gignac, Gilbert L., 1944- III. Winnipeg Art Gallery. IV. Art Gallery of Windsor. V. Musée McCord d'histoire canadienne. VI. Titre. VII. Titre: Ouest canadien selon William Hind : un nouveau regard.
  ND249.H5A4 2002   759.11   C2001-911732-9F

Printed in Canada

COVER

91. *Duck Hunting on the Prairies with an Emigrant Wagon Train in the Distance*, c. 1870

BACK COVER

4. *Self Portrait*, c. 1870

COUVERTURE

91. *Chasse au canard dans les Prairies avec, au loin, un convoi de chariots d'émigrants*, v. 1870

DOS DE LA COUVERTURE

4. *Autoportrait*, v. 1870

ITINERARY

The Winnipeg Art Gallery, Winnipeg,
   1 May – 19 August 2002

The Art Gallery of Windsor, Windsor,
   5 October 2002 – 8 December 2002

The McCord Museum of Canadian History, Montreal,
   3 April 2003 – 29 June 2003

ITINÉRAIRE

Musée des beaux-arts (Winnipeg)
   1er mai 2002 – 19 août 2002

Art Gallery of Windsor (Windsor)
   5 octobre 2002 – 8 décembre 2002

Musée McCord d'histoire canadienne (Montréal)
   3 avril 2003 – 29 juin 2003

Caught in a Thunder Storm.   Camping in a hurry.

17. OVERLANDERS OF '62 SKETCHBOOK, 1862
CARNET DE CROQUIS OVERLANDERS DE 62, 1862

8

Table of Contents

Director's Foreword 11

Preface & Acknowledgements 13

Works Before and After the West 16
CATALOGUE 1-16

New Resonance from William Hind 35
GILBERT L. GIGNAC

The Overlander Trek, 1862 64
CATALOGUE 17-36

Hindsight – William Hind's
Vision of the Canadian West 113
MARY JO HUGHES

British Columbia, 1862-1870 152
CATALOGUE 37-66

Manitoba, 1870-1871 184
CATALOGUE 67-92

List of Works 211

Credits 221

Table des matières

Avant-propos de la directrice 11

Préface et remerciements 13

Œuvres réalisées avant et après
la période dans l'Ouest 16
NOS 1-16 DU CATALOGUE

Au diapason de William Hind 35
GILBERT L. GIGNAC

Le voyage des Overlanders (1862) 64
NOS 17-36 DU CATALOGUE

L'Ouest canadien vu et
dépeint par William Hind 113
MARY JO HUGHES

Colombie-Britannique (1862-1870) 152
NOS 37-66 DU CATALOGUE

Manitoba (1870-1871) 184
NOS 67-92 DU CATALOGUE

Liste des œuvres 211

Crédits 221

DIRECTOR'S FOREWORD

IT GIVES ME GREAT PLEASURE TO WELCOME
William Hind back to Winnipeg! Hind visited Winnipeg
on two occasions: in 1862 as he prepared to depart with
the Overlanders of '62 on their journey to the Cariboo
goldfields, and in 1870 when he resided in Winnipeg for
several months at the moment when Manitoba joined
Confederation. In 1970, to celebrate Manitoba's centenni-
al, several of Hind's Manitoba paintings were highlighted
in the exhibition *150 Years of Art in Manitoba*. In recent
years, The Winnipeg Art Gallery has included Hind
paintings in several significant exhibitions, including
Virginia Berry's 1983 exhibition *A Boundless Horizon*.

Hindsight – William Hind in the Canadian West is
indeed a significant addition to The Winnipeg Art
Gallery's 90th anniversary celebrations this year. We are
proud to bring together for the first time a serious and
focused look at Hind's western oeuvre. William Hind's
work is important to both the history and art history of
Manitoba, and indeed the Canadian West as a whole. His
detailed and brilliantly coloured paintings cover a variety
of subjects that provide us rare visual documentation of
the growth of the Canadian West from Winnipeg to
British Columbia. Hind's works are compelling on an
aesthetic level and bring fresh insight into this significant
period of history. In the exhibition and catalogue, Mary Jo
Hughes explores the aspects of Hind's works that distinguish him from his contemporaries. Through tireless
research, guest writer Gilbert Gignac has unearthed much
new information about Hind. Together, they shed new

AVANT-PROPOS DE LA DIRECTRICE

C'EST AVEC BEAUCOUP DE PLAISIR QUE J'ACCUEILLE
à nouveau William Hind à Winnipeg! Par deux fois cet artiste
est déjà venu nous rendre visite, d'abord en 1862, alors qu'il
s'apprêtait à partir avec les Overlanders de 62 pour leur périple
vers les champs aurifères de la Cariboo, ensuite en 1870, quand
il séjourna plusieurs mois à Winnipeg au moment où le
Manitoba entrait dans la Confédération. En 1970, afin de
souligner le centenaire du Manitoba, plusieurs de ses tableaux
dépeignant la province furent mis en vedette dans l'exposition
150 Years of Art in Manitoba. Au cours des dernières années, le
Musée des beaux-arts de Winnipeg a inclus des œuvres de cet
artiste dans diverses expositions d'envergure, y compris celle de
Virginia Berry en 1983, intitulée *A Boundless Horizon*.

L'Ouest canadien selon William Hind: un nouveau regard
représente une contribution majeure aux célébrations du 90e
anniversaire du Musée des beaux-arts de Winnipeg qui ont lieu
cette année. Nous sommes fiers d'offrir pour la première fois en
même temps l'œuvre de Hind consacré à l'Ouest et une analyse
en profondeur du contenu. Cet œuvre est important pour
l'histoire du Manitoba comme pour l'histoire de l'art de cette
province, voire de l'Ouest canadien tout entier. Les tableaux de
Hind aux couleurs vibrantes et regorgeant de détails couvrent
une gamme de sujets qui nous fournissent une documentation
visuelle rare sur l'expansion de l'Ouest canadien, de Winnipeg à
la Colombie-Britannique. Les œuvres de Hind sont attirantes
sur le plan esthétique et elles offrent un éclairage inédit sur
cette période capitale de l'histoire. Dans l'exposition et le
catalogue, Mary Jo Hughes se penche sur les facettes des
œuvres de Hind qui le démarquent de ses contemporains.

light on an artist who has remained somewhat illusive.

I am also extremely pleased to unveil an innovative component of the exhibition combining history with new technology. In collaboration with the National Archives of Canada, we have created a CD-ROM that enables us to make accessible Hind's complete *Overlanders Sketchbook*. Viewers to the exhibition will, for the first time, gain access to every page of this rare sketchbook. Furthermore, the CD-ROM "virtually" traces Hind's journey across the West and pairs the images with the words of his companions.

I wholeheartedly thank the lenders to this exhibition who have generously allowed us to include works from their collections, including the McCord Museum of Canadian History, the National Archives of Canada, the British Columbia Archives, the Toronto Reference Library, the Art Gallery of Ontario, and numerous private lenders. We are also greatly indebted to the National Archives who provided high resolution digital images for the CD-ROM, Richard Dyck for his stunning CD-ROM design, Frank Reimer for his continued fine publication design, the staff of the Gallery for their dedication to the project, and Mary Jo Hughes for envisioning and shepherding all aspects of the project. It is truly an important addition to Canadian art historical scholarship.

This exhibition, catalogue, and CD-ROM would not have been possible without the generous funding that we received from our sponsor Torys LLP. We are grateful for their interest in this important project. We are also thankful for the significant funding from the Museums Assistance Program of the Department of Canadian Heritage and Heritage Grants Program, Manitoba Culture, Heritage and Tourism.

Patricia E. Bovey
Director

Au prix d'une recherche inlassable, Gilbert Gignac, collaborateur invité, a découvert une quantité prodigieuse d'information sur Hind. À eux deux, ils jettent une nouvelle lumière sur un artiste qui est resté quelque peu insaisissable.

Je suis en outre très heureuse d'inaugurer un volet novateur de l'exposition qui allie histoire et technologie moderne. De concert avec les Archives nationales du Canada, nous avons produit un CD-ROM qui nous permet de consulter la totalité du *Carnet Overlanders* de Hind. Les visiteurs de l'exposition pourront, pour la première fois, examiner de près chaque page de son exceptionnel carnet de croquis. Qui plus est, le CD-ROM retrace «virtuellement» le voyage de Hind à travers l'Ouest et associe les images aux extraits de journaux de ses compagnons de route.

Je remercie de tout cœur les prêteurs de l'exposition qui nous ont aimablement permis d'inclure des œuvres de leurs collections, y compris le Musée McCord d'histoire canadienne, les Archives nationales du Canada, les Archives de Colombie-Britannique, la Toronto Reference Library, le Musée des beaux-arts de l'Ontario, ainsi que de nombreux prêteurs privés. Nous tenons aussi à exprimer notre gratitude envers les Archives nationales qui nous ont fourni les images numériques à haute résolution pour le CD-ROM, Richard Dyck pour sa conception hors pair du CD-ROM, Frank Reimer pour son excellent travail sur la maquette, le personnel du musée pour son zèle envers le projet, et Mary Jo Hughes pour sa vision et son suivi de toutes les facettes de l'entreprise. L'exposition représente un précieux ajout aux études de l'art historique canadien.

Cette exposition, son catalogue et le CD-ROM n'auraient pu être réalisés sans le généreux appui financier de notre commanditaire, Torys LLP. Nous lui sommes reconnaissants de l'intérêt qu'il porte à ce projet d'envergure. Nous exprimons aussi notre gratitude pour l'appui substantiel du Programme d'aide aux musées du ministère du Patrimoine canadien et du Programme de subventions du patrimoine, ministère de la Culture, du Patrimoine et du Tourisme du Manitoba.

Patricia E. Bovey
Directrice

PREFACE & ACKNOWLEDGEMENTS

OVER THE LAST FEW DECADES, WILLIAM HIND'S artistic output in the West, including his sketchbook, watercolours, and oil paintings, has been simultaneously admired and misunderstood. The unique combination of qualities in this work, including brilliant colour, clarity of atmosphere, obsessive detailing, and idiosyncratic compositions, viewpoints, and figure drawing, make for representations unlike any other 19th century Canadian paintings. Thus, it has been difficult to find a place for Hind's work within the context of Canadian art history. Although he shares some qualities with contemporaries such as Paul Kane or the British Pre-Raphaelite painters, his unique qualities have left art historians at a loss to pin him down, largely because we have had little conception of his intentions. The two essays in this exhibition publication combine to illuminate our picture of William Hind.

The new understanding of William Hind presented in Gilbert Gignac's *New Resonance from William Hind* makes it possible to revisit the artwork with fresh eyes. Gignac lays out vast new research and successfully dispels the long-held notion of Hind as a reclusive, difficult personality, and outsider in terms of his artistic production.[1] William Hind can now be recognized as a three-dimensional figure, a respected and trained teacher, involved in cultural endeavours, and a collaborator with his highly respected brother Henry Youle Hind.

Using Gignac's new vision of Hind as a catalyst, my essay, *Hindsight – William Hind's Vision of the Canadian West*, explores the artist's western oeuvre created between

PRÉFACE ET REMERCIEMENTS

AU COURS DES DERNIÈRES ANNÉES, LA PRODUCTION artistique de William Hind dans l'Ouest, y compris son carnet de croquis, ses huiles et aquarelles, a été à la fois louangée et incomprise. Les qualités de cet œuvre, qui incluent couleurs vibrantes, atmosphère limpide, obsession du détail ainsi que composition, perspective et représentation des figures particulières à l'artiste, s'allient pour en faire des images qui n'ont pas leur pareil dans la peinture canadienne du XIXe siècle. C'est pourquoi il a été difficile de situer l'œuvre de Hind au sein de l'histoire de l'art canadien. Si l'artiste possède des points communs avec plusieurs de ses contemporains comme Paul Kane ou les préraphaélites britanniques, en revanche son style unique a rendu les historiens d'art impuissants à le classer dans une catégorie, et ce, en grande partie parce qu'on n'a jamais véritablement su quelles étaient ses intentions. Les deux essais de ce catalogue d'exposition se complètent pour apporter un éclairage original sur l'image que l'on se faisait de William Hind.

Dans son essai, *Au diapason de William Hind*, Gilbert Gignac propose une nouvelle façon de comprendre l'artiste qui nous permet de porter sur ses œuvres un regard neuf. S'appuyant sur une recherche exhaustive, Gignac réussit à écarter le vieux cliché qui faisait de Hind un individu reclus, difficile à vivre, et un marginal en termes de production artistique[1]. On peut à présent voir en William Hind un personnage tridimensionnel, un maître bien formé et respecté, engagé dans des projets culturels, et un collaborateur de son frère, Henry Youle Hind, que l'on tenait en très haute estime.

Avec comme catalyseur cette nouvelle perception que

1862 and 1871. I explore his travels through the West and the resultant works in light of our new understanding of the forces working upon him at this critical period of Canada's growth as a country. By looking at his possible intentions as an illustrator and promoter of the West, we gain a deeper understanding and appreciation of the unique aspects of his paintings that make them highlights of Canadian 19th century art production.

This project would not have been possible without the co-operation and assistance of many people across the country. First and foremost, I thank Gilbert Gignac who went far beyond being a guest writer. Gilbert's unyielding research and insightful interpretation have greatly contributed to my formulation and direction of the exhibition, catalogue, and CD-ROM. I also thank the people who kindly assisted Gilbert and me in our research, especially Eva Major-Marothy, Joy Houston, Roger Blais, Lilly Koltun, Joan Schwartz, Micheline Robert, and David Cardinal, National Archives of Canada; Michel Brisbois, Elaine Hoag, Sandra Burrows, Kevin Joynt, Sharon Shipley, and Rocio Alonso, National Library of Canada; Rosemarie Tovell, National Gallery; Irene Romaniw, Parks Canada; Catherine Pettipas, Museum of Man and Nature, Winnipeg; Elizabeth Hulse and Stephen Otto; Dennis Reid, Anna Hudson, Larry Pfaff, and John O'Neil, Art Gallery of Ontario; Mary Allodi and Arlene Gehmacher, Royal Ontario Museum; Anne Sutherland, Mary Williams, and Mary Schantz, Toronto Reference Library; Greg Brown and Tom Belton, Archives of Ontario; Claude Doucet, Ryerson Archives; Alex Thomson, United Church Archives, University of Toronto; Nicola Siminson and Carole Jones, Nottingham Trent University; Twila Buttimer, Provincial Archives of New Brunswick; Barry Smith, Nova Scotia Archives; Suzanne Morin, McCord Museum; Gordon Burr, McGill University Archives; Drake Petersen, University of King's College Library, Halifax; Scott Robson, Nova Scotia Museum; and Leslie Carlyle, Canadian Conservation Institute.

Great appreciation is extended to the National

Gignac a de l'artiste, mon essai, intitulé *L'Ouest canadien vu et dépeint par William Hind*, se penche sur l'œuvre de Hind réalisé dans l'Ouest entre 1862 et 1871. Je le suis dans ses voyages à travers la région et examine la production qui en a résulté à la lumière de notre nouvelle compréhension des forces qui l'influencèrent durant cette période critique où le Canada grandissait pour devenir un pays. En étudiant ses intentions possibles comme illustrateur et promoteur de l'Ouest, on finit par mieux comprendre et apprécier les facettes uniques de ses tableaux, qui en font des œuvres exceptionnelles dans la production artistique canadienne du XIXᵉ siècle.

La réalisation de ce projet n'aurait pas été possible sans la coopération et le soutien d'un grand nombre de personnes à travers le pays. Je tiens tout d'abord à remercier Gilbert Gignac qui est allé au-delà de son mandat de collaborateur invité. Sa recherche inlassable et son interprétation judicieuse ont largement contribué à la mise au point et à l'orientation de l'exposition, du catalogue et du CD-ROM. Mes remerciements vont aussi aux personnes qui nous ont aidés si aimablement, Gilbert et moi, dans nos recherches, en particulier: Eva Major-Marothy, Joy Houston, Roger Blais, Lilly Koltun, Joan Schwartz, Micheline Robert et David Cardinal des Archives nationales du Canada; Michel Brisbois, Elaine Hoag, Sandra Burrows, Kevin Joynt, Sharon Shipley et Rocio Alonso de la Bibliothèque nationale du Canada; Rosemarie Tovell du Musée des beaux-arts du Canada; Irene Romaniw de Parcs Canada; Catherine Pettipas du Musée de l'homme et de la nature (Winnipeg); Elizabeth Hulse et Stephen Otto; Dennis Reid, Anna Hudson, Larry Pfaff et John O'Neil du Musée des beaux-arts de l'Ontario; Arlene Gehmacher et Mary Allodi du Musée royal de l'Ontario; Anne Sutherland, Mary Williams et Mary Schantz de la Toronto Reference Library; Greg Brown et Tom Belton des Archives de l'Ontario; Claude Doucet des Archives Ryerson; Alex Thomson des Archives de l'Église Unie, University of Toronto; Nicola Siminson et Carole Jones de Nottingham Trent University; Twila Buttimer des Archives provinciales du Nouveau-Brunswick; Barry Smith des Archives de Nouvelle-Écosse; Suzanne Morin du Musée McCord;

Archives and particularly to Ian Wilson, National Archivist, for collaborating with us on the sketchbook CD-ROM project. This exhibition is only possible because of the generous loans of William Hind's work from numerous institutions. I particularly thank the following people for their assistance with loans: Lynne Armstrong and Janet Kepkiewicz, National Archives of Canada; Alan Walker, Toronto Reference Library; Christian Vachon, the McCord Museum of Canadian History; Derek Swallow, British Columbia Archives; and Tim Hardacre, Art Gallery of Ontario. I am also deeply appreciative of the private lenders, all members of the Hind family in Ontario, for assisting in research and generously lending to the exhibition.

For CD-ROM and catalogue design, respectively, I am grateful for the dedication and creativity of Richard Dyck and Frank Reimer. Such a complex exhibition also takes the commitment of many people behind the scenes, and for this, I thank the entire staff of The Winnipeg Art Gallery.

Mary Jo Hughes
Curator, Historical Art

1. W.L. Morton refers to William as "...a weakling of the family, and given to drink..." in *Henry Youle Hind 1823-1908*. Toronto: University of Toronto Press, 1980, p. 17. Russell Harper refers to Hind as "...wandering about in an almost secretive and taciturn fashion..." and regarding his artistic approach, labels him with "no great sophistication" and as a "primitive." *See William G.R. Hind (1833-1889): A Confederation Painter in Canada*, Windsor, Ontario: The Willistead Art Gallery, 1967.

Gordon Burr des Archives de l'Université McGill; Drake Petersen de la bibliothèque de l'université de King's College (Halifax); Scott Robson du Nova Scotia Museum; et Leslie Carlyle de l'Institut canadien de conservation.

Toute ma gratitude va aux Archives nationales et en particulier à Ian Wilson, Archiviste national, pour sa collaboration au projet de CD-ROM du carnet de croquis. L'exposition a été rendue possible grâce aux très nombreux prêts des œuvres de William Hind issus de nombreuses institutions. J'aimerai remercier tout particulièrement les personnes dont le nom suit pour leur aide en cette matière: Lynne Armstrong et Janet Kepkiewicz des Archives nationales du Canada; Alan Walker de la Toronto Reference Library; Christian Vachon du Musée McCord d'histoire canadienne; Derek Swallow des Archives de Colombie-Britannique; et Tim Hardacre du Musée des beaux-arts de l'Ontario. Je ne puis assez dire ma reconnaissance envers les particuliers – tous membres de la famille Hind en Ontario – pour l'aide qu'il ont apportée à la recherche et leur générosité concernant les prêts.

Quant à la conception du CD-ROM et du catalogue, toute ma gratitude va à Richard Dyck et Frank Reimer pour leur enthousiasme et leur créativité. Une exposition de nature aussi complexe requiert aussi une participation sans réserve de la part de nombreux individus en coulisses, et pour cela, je tiens à remercier l'ensemble du personnel du Musée des beaux-arts de Winnipeg.

Mary Jo Hughes
Conservatrice de l'art historique

1. W. L. Morton parle de William comme «...le gringalet de la famille, aussi porté sur la boisson... », dans *Henry Houle Hind 1823-1908*, Toronto, University of Toronto Press, 1980, p. 17. Russell Harper se réfère à Hind comme «...errant sans but précis, replié sur lui-même et cherchant presque à passer inaperçu...» et, à propos de son approche artistique, dit qu'elle «manque de sophistication» et la qualifie de «primitive». Voir *William G.R. Hind (1833-1889): A Confederation Painter in Canada*, Windsor, Ontario, The Willistead Art Gallery, 1967.

Works Before and After the West

CATALOGUE 1–16

IN 1861, THE YEAR BEFORE WILLIAM HIND departed for the Canadian West, he accompanied his brother, Henry Youle Hind, on an expedition into the Labrador Peninsula. He produced hundreds of sketches and paintings, many of which illustrated Henry's subsequent publication. A painting of Donald Smith (Lord Strathcona) at North West River in Labrador dated 1860 suggests that William may even have been painting in the region the previous year. The Labrador expedition project represents the first example of William producing paintings for the intention of collaborating with his brother in an illustrated publication.

When William returned from the West, he joined his brother on the east coast of Canada spending time in both Nova Scotia and New Brunswick. Although we still have little information about his activities during this period, a wealth of paintings bears witness to his sustained interest in depicting novel subjects reflective of the particular region in which he travelled. He continued to apply a unique blend of unexpected viewpoints, informal compositions, brilliant colour, clear atmosphere, and exacting description of nature's details. Over the course of his career, he produced numerous sensitively observed self-portraits that present various visions of himself as gentleman, outdoorsman, watercolourist, oil painter, and draughtsman.

Œuvres réalisées avant et après la période dans l'Ouest

Nᵒˢ 1–16 DU CATALOGUE

EN 1861, L'ANNÉE PRÉCÉDANT SON DÉPART VERS l'Ouest canadien, William Hind accompagna son frère, Henry Youle Hind, pour une expédition dans la péninsule du Labrador. Il réalisa des centaines de croquis et tableaux, dont beaucoup servirent à illustrer l'ouvrage que Henry produisit par la suite. Un tableau daté de 1860 représentant Donald Smith (lord Strathcona) à la rivière North-West du Labrador suggère que William aurait déjà pu peindre dans la région l'année auparavant. Le projet de l'expédition du Labrador constitue la première occurrence où William réalisa des peintures en ayant l'intention de collaborer avec son frère à une publication illustrée.

De retour de l'Ouest, William rejoignit son frère sur la côte est du Canada, séjournant en Nouvelle-Écosse ainsi qu'au Nouveau-Brunswick. Malgré le peu d'informations que l'on possède sur ses activités durant cette période, une profusion de tableaux témoigne du vif intérêt qu'il portait à la description de sujets inédits reflétant les particularités de la région dans laquelle il voyageait. Il continua d'utiliser un amalgame unique de perspectives insolites, de compositions informelles, de couleurs vibrantes, d'atmosphère limpide et une description minutieuse des détails naturels. Au cours de sa carrière, il peignit un grand nombre d'autoportraits qui le présentent, avec une grande finesse d'observation, sous diverses facettes: gentleman, adepte de la vie au grand air, aquarelliste, peintre d'huiles et dessinateur.

1. Self Portrait of the Artist, William Hind, c. 1870s
Autoportrait de l'artiste, William Hind, v. années 1870

2. SELF-PORTRAIT IN HUNTING GEAR, C. 1875
AUTOPORTRAIT EN TENUE DE CHASSE, N.D., V. 1875

3. SELF PORTRAIT, C. 1870S
AUTOPORTRAIT, V. ANNÉES 1870

20

4. SELF PORTRAIT, C. 1870
AUTOPORTRAIT, V. 1870

5. SELF PORTRAIT, C. 1870
AUTOPORTRAIT, V. ANNÉES 1870

6. SELF PORTRAIT, C. 1860S-1870S
   AUTOPORTRAIT, V. ANNÉES 1860-1870

Mouth of the Moisie looking Seaward.

7. THE ARTIST LOOKING SEAWARD FROM THE MOUTH OF THE MOISIE RIVER, 1861
L'ARTISTE REGARDANT VERS LA MER DEPUIS L'EMBOUCHURE DE LA MOISIE, 1861

8. Donald Smith (Lord Strathcona) at North West River, 1860
   Donald Smith (lord Strathcona) à la North West River, 1860

9. DRAWING MAP ON BIRCH-BARK (RIVIÈRE MOISIE, LABRADOR PENINSULA EXPEDITION), C. 1861
   TRACÉ DE CARTE SUR ÉCORCE DE BOULEAU (RIVIÈRE MOISIE, EXPÉDITION DE LA PÉNINSULE DU LABRADOR), V. 1861

10. DOMENIQUE, SQUAW AND CHILD (RIVIÈRE MOISIE, LABRADOR PENINSULA EXPEDITION), C. 1861
DOMENIQUE, SQUAW ET ENFANT (RIVIÈRE MOISIE, EXPÉDITION DE LA PÉNINSULE DU LABRADOR), V. 1861

11. Calm Waters near the Camp, n.d.
Eaux calmes près du camp, n.d.

12. Sunnyside, Windsor, N.S., Residence of Henry Youle Hind, 1879
Sunnyside, Windsor, N.-É., résidence de Henry Youle Hind, 1879

13. PORTRAIT OF JOHN YOULE HIND, 1870s-1880s
PORTRAIT DE JOHN YOULE HIND, ANNÉES 1870-1880

14. Harvesting Hay, Sussex, N.B., c. 1870s
    Scène de fanage, Sussex, N.-B., v. années 1870

15. Fishing from a Boat, 1886
Pêche en bateau, 1886

16. WOOD INTERIOR WITH TREE STUMP, C. 1880S
INTÉRIEUR DE FORÊT AVEC SOUCHE D'ARBRE, V. ANNÉES 1880

Figure 1
Portrait of William Hind,
c. 1860s. Photograph. Carson
Brothers Studios, Toronto.
Private Collection.

Portrait de William Hind,
v. années 1860.
Photographie. Atelier Carson
Brothers, Toronto.
Collection privée.

GILBERT L. GIGNAC

New Resonance
from William Hind

Au diapason
de William Hind

NEW INFORMATION RECENTLY UNCOVERED about William Hind allows us to adjust our previous perception of the artist and his work, including the paintings and drawings that he produced during his sojourn in the Canadian West. Long before he imagined himself actually travelling through the Prairies, William had a strong mental image of the Canadian West.[1] Much information about British North America was available to him through geographic, historical, and scientific publications, and through pictorial books, newspapers, and possibly illustrated lectures.[2] Furthermore, he had direct knowledge of Canada through his intimate contact with his brother, Henry Youle Hind (1823-1908), who had been living in Toronto since 1847.

Soon after arriving in Toronto in the summer of 1851, eighteen-year-old William Hind applied to teach drawing at the Normal and Model Schools of Upper Canada. This bold gesture could only come from a self-confident, adventuresome young man who was prepared to play a role in the cultural fabric of Canada. He speaks directly to this in his concise letter of application to the formidable Reverend Dr. Egerton Ryerson, Superintendent of Schools:

DE L'INFORMATION MISE AU JOUR DERNIÈREMENT sur William Hind nous permet de réviser l'idée que nous nous faisions de l'artiste et de son œuvre, y compris les tableaux et dessins réalisés durant son séjour dans l'Ouest canadien[1]. Avant même d'envisager une traversée des Prairies, l'artiste s'était fait une image précise de l'Ouest canadien. Il avait accès à de multiples informations sur l'Amérique du Nord britannique grâce à des publications géographiques, historiques et scientifiques, ainsi qu'à des livres illustrés et des journaux, voire des conférences[2]. Il avait en outre une connaissance directe du Canada de par les liens étroits qu'il entretenait avec son frère, Henry Youle Hind (1823-1908), qui vivait à Toronto depuis 1847.

Peu après son arrivée dans cette ville durant l'été de 1851, William Hind, alors âgé de dix-huit ans, fit une demande pour enseigner le dessin dans les écoles normale et modèle du Haut-Canada. Ce geste audacieux ne pouvait venir que d'un jeune homme très sûr de lui, épris d'aventure, et bien préparé à jouer un rôle dans le tissu culturel du Canada. Il fait référence à ces qualités de façon directe dans sa brève requête adressée à l'imposant M. Egerton Ryerson, pasteur et surintendant des écoles:

Toronto –
Nov.r 3rd 1851.

Sir,

I have the honour to place in the Council Room
of the Council of Public Instruction, specimens of
Crayons Drawings, Oil paintings, Drawings from
Busts and Statues, executed by me at the
Government School of Art and Design in the
town of Nottingham, England. I have now the
honour to apply for permission to give instruction
in drawing to a select Class of students in the
Normal School, and of the more advanced boys in
the Model school, during the remainder of the
present Session. I beg to submit this application
without any reference to remuneration – leaving
that point to be decided by the Council of Public
Instruction at the termination of the Session,
upon inspection of the results of my efforts. –
The materials I should require would be limited
at first to a slate for each pupil and one blackboard for the purpose of drawing objects to be
copied. When the pupils have made sufficient
progress, each would require a lead pencil and
small drawing book.

I have the honour to be Sir,

Your obedient servant,
W. Hind.[3]

The same day, his older brother Henry, who was then
Second Master at the Normal School, boosted William's
confidence in an unequivocal letter of endorsement to
Ryerson.[4]

These recently discovered letters present new paths of
exploration toward a greater understanding of the life and
work of William Hind. They firmly substantiate what

Toronto –
Le 3 novembre 1851

Monsieur,

J'ai l'honneur de déposer dans la salle du Conseil du
Conseil de l'Instruction publique, des échantillons de
pastels, de peintures à l'huile, de dessins d'après des
bustes et statues, que j'ai réalisés à l'École gouvernementale d'art et de design, sise dans la ville de
Nottingham en Angleterre. J'ai maintenant l'honneur
de demander l'autorisation d'enseigner le dessin à un
groupe d'élèves choisis de l'école normale, et aux
garçons les plus avancés de l'école modèle, durant le
restant du trimestre. Je vous prie de considérer cette
demande sans envisager de rémunération – laissant
au Conseil de l'Instruction publique le soin de décider
sur ce point à la fin du trimestre, après examen du
résultat de mes efforts. – Le matériel nécessaire
devrait se limiter au début à une ardoise pour chaque
élève et à un tableau noir qui me servira à dessiner les
objets à copier. Quand les élèves auront fait suffisamment de progrès, chacun aura besoin d'un crayon à
mine et d'un petit cahier à dessin.

J'ai l'honneur de demeurer, Monsieur,

Votre dévoué serviteur,
W. Hind[3].

Le même jour, son frère aîné Henry, alors professeur
principal à l'école normale, venait renforcer l'assurance de
William, dans la lettre de garantie écrite en termes enthousiastes
qu'il adressait à Ryerson[4].

Ces lettres découvertes récemment offrent de nouvelles
voies d'exploration en vue d'une compréhension plus globale
de la vie et de l'œuvre de William Hind. Elles viennent
confirmer hors de tout doute ce qui n'était auparavant que
spéculation, c'est-à-dire que William Hind avait bien fait des

previously had only been speculation – that William Hind did receive his artistic education at the Nottingham Government School of Art and Design. They attest to the nature of the close relationship between William and his older brother Henry, and clarify some of the circumstances of his early life in England and Canada. They describe his actions, reveal his true character, and announce his future prospects in Toronto that would eventually lead him to journey to the Red River Settlement.

The art we see in William Hind's work of the Canadian West was first practised in the town of Nottingham. Our knowledge of the syllabus of courses at the Government School of Art and Design enables us to understand ideas that shaped his attitudes and approaches to his own work.[5] By the 1830s in Britain, it was evident that the classical artistic education received at the Royal Academy of Arts since 1768 failed to satisfy the major needs of industry and manufacturers, whose lines of mass production depended on the utilitarian art of design.[6] To this end, a new system of Government Schools of Art and Design was developed to teach artists the discipline of drawing and painting as a practical and functional tool in industry and society.

Two of these new functions of drawing were the practice of drawing as a visual aid in teaching elementary school, and to provide descriptive and truthful images for the rapidly developing business of the pictorial press.[7] Artists could now choose one of several new directions for the development and practice of their art. The new emphasis on instruction in teaching drawing for utilitarian ends also introduced a new and different generation of artists into the cultural fabric of British society. Those who subsequently travelled and immigrated to Canada brought with them convictions about the new purposes, practices, and teaching of drawing. In effect, William Hind's life as a teacher of drawing and as an illustrator reveals that the decisive choices he made about the course of his early artistic development did shape the character of his art.

études en beaux-arts à l'école gouvernementale d'art et de design de Nottingham. Elles attestent des liens étroits entre William Hind et son frère aîné Henry, et elles jettent de la lumière sur diverses circonstances qui ont marqué la vie de William Hind à ses débuts en Angleterre et au Canada. Elles décrivent ses actes, révèlent sa véritable personnalité et augurent des ouvertures qui allaient s'offrir à Toronto et finiraient par le conduire jusqu'à la colonie de la rivière Rouge.

L'art tel que nous le voyons dans l'œuvre de William Hind portant sur l'Ouest canadien se pratiquait d'abord dans la ville de Nottingham. Ce que l'on sait du programme des cours à l'école gouvernementale d'art et de design nous permet de comprendre les idées qui ont façonné l'attitude de l'artiste envers ses propres œuvres et la façon dont il abordait son travail[5]. Dès les années 1830, il était évident que l'enseignement artistique dispensé depuis 1768 en Grande-Bretagne à la Royal Academy of Arts ne parvenait pas à répondre aux besoins majeurs de l'industrie et des fabricants, dont les lignes de production en série dépendaient de l'art du design utilitaire[6]. C'est pour cette raison qu'un nouveau système d'écoles d'art et de design fut mis en place par le gouvernement afin d'enseigner aux artistes la discipline du dessin et de la peinture comme outil pratique et fonctionnel au sein de l'industrie et de la société.

Parmi ces nouvelles fonctions de l'art du dessin, une était sa pratique en tant qu'aide visuelle dans l'enseignement à l'élémentaire et une autre visait la production d'images réalistes pour les entreprises en pleine expansion de la presse illustrée[7]. Les artistes pouvaient dorénavant choisir parmi plusieurs nouvelles orientations pour se perfectionner et pratiquer leur art. Cet accent mis sur l'enseignement du dessin à des fins utilitaires introduisit en outre dans le tissu culturel de la société britannique une génération d'artistes inédits. Ceux qui, par la suite, voyagèrent et immigrèrent au Canada amenèrent avec eux leurs convictions au sujet des nouveaux objectifs du dessin, de ses diverses pratiques et de son enseignement. En fait, la vie de William Hind en tant que professeur de dessin et illustrateur révèle que les choix décisifs qu'il fit concernant son cheminement artistique à ses débuts

In the new Government Schools of Art and Design, figurative studies were denied and instruction in painting and drawing consisted of a combination of practical lessons. However, just as in the Academy, students began by copying prints and plaster casts of classical sculpture. The School added courses in the mathematical rudiments of design, patterns, perspective, and mechanical drawing. To this was added the faithful study of nature's forms through direct observation of landscape. The exercise of *plein air* painting that was practised throughout Europe in the 19th century made its influence felt. New concepts of pictorial "realism" and critic John Ruskin's incitement of artists to paint the "truth of nature" encouraged greater conceptual diversity in drawing and painting. The advent of photography as "the messenger of truth" subverted the role of drawing and painting, introducing new discussion about the purposes and uses of images in political propaganda, advertising, and book publishing. A relatively sedate pictorial press erupted under the forces of emerging new printmaking forms such as lithography, the revival of wood engraving, the steam press, and new photo-mechanical reproduction technologies. Many of the methods for teaching these various purposes of painting, drawing, and design, could now be pulled from the quickly multiplying "how to" publications.[8] These were written by printmakers, suppliers of artist materials, and artists such as Henry Cole and William Dyce who were key figures in establishing and developing this new system of Government Schools of Art and Design. By 1849 sixteen such schools had been established throughout England and in 1843, one opened in the town of Nottingham where William Hind lived.

Soon after successfully completing his courses and securing solid testimonials from his Principals,[9] William left Nottingham to join his brother Henry who was teaching at the Normal School in Toronto. Henry had married Katherine Cameron in February 1850, and at first William probably stayed with them on St. Patrick Street[10] where he was introduced to their friends and acquaintances, such as

marquèrent son art de ses caractéristiques particulières.

Dans les nouvelles écoles gouvernementales d'art et de design, on ne faisait pas d'études figuratives et l'enseignement en peinture et en dessin consistait en une combinaison de cours pratiques. Tout comme à l'Académie cependant, les élèves commençaient par copier des gravures et des moulages en plâtre de sculptures classiques. L'école incluait des cours sur les bases mathématiques du design, les motifs, la perspective et le dessin aux instruments. À cela s'ajoutait l'étude fidèle des formes de la nature par l'observation directe du paysage. L'influence du pleinairisme qui se pratiqua dans toute l'Europe du XIXe siècle se faisait sentir. De nouvelles notions portant sur le «réalisme» de l'image et l'exhortation qu'adressait le critique John Ruskin aux artistes pour qu'ils peignent la «vérité de la nature» favorisèrent une plus grande diversité conceptuelle dans le dessin et la peinture. L'avènement de la photographie comme «messagère de la vérité» bouleversa le rôle du dessin et de la peinture, faisant naître un nouveau débat sur les buts et utilisations de l'image dans la propagande politique, la publicité et l'édition du livre. Une presse illustrée relativement assoupie se réveilla d'un coup sous l'impulsion de formes inédites de gravures comme la lithographie, du renouveau de la gravure sur bois, de la presse à vapeur et des nouvelles technologies de reproduction photomécanique. Bien des méthodes permettant d'enseigner ces divers objectifs de la peinture, du dessin et du design, pouvaient être maintenant tirées de la prolifération de manuels autodidactes[8]. Ces ouvrages étaient écrits par des graveurs, des fournisseurs de matériel d'art et des artistes tels que Henry Cole et William Dyce, qui furent des personnages clés dans la création et la mise en œuvre de ce nouveau système d'écoles d'art et de design créé par le gouvernement. En 1849, il existait seize établissements de ce type à travers l'Angleterre et, en 1843, il s'en ouvrit un dans la ville de Nottingham où vivait William Hind.

Peu après avoir réussi ses cours et obtenu de ses maîtres de solides attestations[9], William Hind quitta Nottingham pour rejoindre son frère Henry qui enseignait à l'école normale de Toronto. Henry avait épousé Katherine Cameron en février 1850, et il est probable que William resta d'abord chez eux rue

Sanford Fleming and George Hodgins. Although both brothers were quite different from each other, they did share a common interest in teaching and the pedagogical role of drawing and painting. They did not limit their professional teaching role only to providing instruction to pupils in institutions where they found employment, but extended this role to their community and the world at large. This was achieved by communicating through public lectures, exhibitions, and publications, including the use of the pictorial and daily press. Their lives and work reveal that they practised "teaching" in a broader sense, as a social, economic, and political mission.[11]

The Provincial Government of Canada West founded the Normal and Model Schools in Toronto in 1847. Classes were temporarily conducted in the Old Temperance Hall, where, in November 1851, William Hind held his first drawing class of 24 students.[12] In his 1846 report,[13] Ryerson re-inforced the presence and function of drawing in the curriculum of the Normal and Model Schools as a practical instrument for teaching various subjects such as geography, writing/penmanship, natural science, and mathematics. He had also investigated the Government Schools of Art and Design in Britain and sought to introduce the concept in Canada.[14] It is important to note that in an article published in March 1849, Henry Hind, probably in support of Ryerson, also promoted the creation of a School of Art and Design.[15] He demonstrated its benefits to society and provided a synopsis of a course of instruction that included linear drawing, draughting, planning, and design of edifices.

Ryerson's convictions about the utilitarian role of drawing in education did not sharpen his enthusiasm to hire a drawing master.[16] William gradually insinuated himself as drawing master at the Normal School. He started by using the blackboard and slates, then, after a few months, requested a few pounds from the Council to purchase drawing boards, drawing paper, pencils, and erasers, and promised to exhibit the efforts and progress of his students at the coming public examinations in May

St. Patrick[10], où il fit la connaissance de leurs amis et relations, parmi lesquels Sanford Fleming et George Hodgins. Même si les frères différaient beaucoup l'un de l'autre, ils étaient tous deux intéressés par l'enseignement et le rôle pédagogique du dessin et de la peinture. Ils ne limitaient pas leur rôle d'enseignants professionnels à simplement dispenser une instruction à des élèves dans des établissements qui leur fournissaient un emploi, mais ils étendaient ce rôle à leur communauté et au public en général. Ils le faisaient en communiquant par le biais de conférences publiques, d'expositions et de publications, passant bien sûr par la presse illustrée et les quotidiens. Leur vie et leur travail révèlent qu'ils pratiquaient «l'enseignement» au sens large, comme une mission sociale, économique et politique[11].

C'est en 1847 que le gouvernement provincial de l'Ouest canadien fonda les écoles normale et modèle à Toronto. Les cours furent donnés à titre temporaire dans le Old Temperance Hall, où, en novembre 1851, William Hind enseigna à sa première classe de dessin composée de vingt-quatre élèves[12]. Dans son rapport de 1846[13], Ryerson insistait sur la présence et la fonction du dessin dans le programme des écoles normale et modèle en tant qu'outil pratique d'enseignement de divers sujets comme la géographie, l'écriture ou calligraphie, les sciences naturelles et les mathématiques. Il avait en outre examiné les écoles gouvernementales d'art et de design en Grande-Bretagne et cherché à introduire ce nouveau concept au Canada[14]. Il est important de noter que, dans un article publié en mars 1849, Henry Hind, qui appuyait probablement Ryerson, favorisait aussi la création d'une école d'art et de design[15]. Il en démontra les avantages qu'en tirerait la société et fournit le résumé d'un programme d'enseignement qui comprenait le dessin linéaire, le dessin industriel, la réalisation de plans et la conception de bâtiments.

Les convictions de Ryerson sur le rôle utilitaire du dessin dans l'enseignement ne firent rien pour l'encourager à embaucher un maître de dessin[16]. Peu à peu, William Hind se fraya une place de maître de dessin à l'école normale. Au début, il se servit du tableau et d'ardoises, puis, quelques mois plus tard, demanda au Conseil des livres pour l'achat de

1852.[17] Later, in order to improve student performance, he appealed unsuccessfully to Council for an increase in the time allotted for drawing from two to three hours per week, which would, of course, also increase his salary.[18] Finally, he gained further employment as drawing master, at least until the end of the session in the spring of 1852.

Until recently, our familiarity with William Hind's appearance was based solely on the eight known self-portraits. In three individual self-portraits, he meticulously describes himself as artist draughtsman, watercolourist, and oil painter (see catalogue #1, 2, and 3). He in fact controlled our perception of him. However, the recent discovery of a revealing photographic portrait (fig. 1), taken of him at Carson Brothers Studio in Toronto around 1862, allows us to see him for the first time through the eyes of another.[19] Altogether, we see that he had a light frame, was of medium height, and rather thin. The delicate features of his narrow face included a strong, fine nose. His complexion was pale and his hair a light, reddish-blond, as was his moustache and beard. He had pale blue-grey eyes and suffered from presbyopia, which was corrected by the spectacles that he always wore.[20] He tended to cover his premature baldness with a stylish hat, which also kept him warm and protected from the sun. Besides the accoutrements of painting and drawing, William depicted himself with a few other objects, such as a rifle and game bag, smoking pipes, snowshoes, and guitar, thus suggesting some of his other habits and interests. In later self-portraits, we see greying hair at his temples and in his beard. He was always nattily but comfortably dressed, almost constantly wearing a jacket and tie with a fashionable pin. He would have made a gentle and quiet, yet precise, impression.

We now also have two rare and revealing glimpses of his character through the eyes and comments of others. William followed up on his determination to demonstrate the progress of his students, which also validated his teaching efforts. At the students' public examinations of April 14, 1852, where drawings were displayed, William's

planches et de papier à dessin, de crayons et de gommes, et il promit d'exposer les travaux marquant les progrès des élèves lors des examens publics qui allaient bientôt se donner en mai 1852[17]. Plus tard, afin d'améliorer la performance des élèves, il demanda sans succès au Conseil que le temps alloué pour le dessin passe de deux à trois heures par semaine, ce qui, naturellement, entraînerait une augmentation de son salaire[18]. Il obtint éventuellement que son emploi comme maître de dessin soit prolongé, au moins jusqu'à la fin des cours au printemps de 1852.

Jusqu'à tout récemment, seuls les huit autoportraits que nous avons de l'artiste nous permettaient de nous faire une idée de son apparence physique. Dans trois de ces tableaux individuels, il se décrit méticuleusement comme artiste dessinateur, aquarelliste et réalisateur de peintures à l'huile (voir nos 1, 2 et 3 du cat.). En fait, il dictait l'idée que nous nous faisons de lui. La découverte récente d'un portrait photographique pris vers 1862 dans l'atelier Carson Brothers à Toronto, nous permet cependant de le voir pour la première fois à travers les yeux de quelqu'un d'autre[19]. On voit que, dans l'ensemble, il était frêle de stature, avait une taille moyenne et était peu corpulent. Il affichait un nez étroit mais bien dessiné dans un visage mince aux traits délicats. Il avait le teint pâle et les cheveux d'un blond roux assez clair, tout comme sa moustache et sa barbe. Ses yeux étaient bleu gris et il portait constamment des lunettes pour corriger sa presbytie[20]. Il avait coutume de dissimuler sa calvitie précoce en se coiffant d'un élégant chapeau, qui de plus lui tenait chaud et le protégeait du soleil. Outre les attributs du peintre et du dessinateur, William Hind se décrivait entouré de divers autres objets, tels un fusil et une gibecière, des pipes, des raquettes à neige et une guitare, ce qui suggère certaines de ses habitudes et intérêts personnels. Dans les autoportraits plus tardifs, on voit qu'il a des cheveux gris sur les tempes et dans la barbe. Toujours tiré à quatre épingles, il était cependant à l'aise dans ses vêtements, portant presque toujours un veston et une cravate ornée d'une épingle à la mode. Il devait se dégager de lui une impression très nette de douceur et de calme.

Nous avons maintenant deux aperçus uniques et

efforts were not only noticed but publicly praised by Ryerson himself:

Doctor Ryerson then proceeded to mention the progress of the pupils in agricultural chemistry, under Mr. H.Y. Hind; in writing under Mr. Stacey; and in drawing under Mr. William Hind, a brother of the former gentleman, who has recently arrived from England, with high testimonials from the Principals of the Government School of Art. A trial of four months had been given to this latter branch, and the proofs of progress which were placed around the walls, were very satisfactory indeed. They were all drawn from actual objects, and not mere copies.[21]

Finally, in October 1852, the Council of Education officially appointed William as an Officer of the Normal and Model Schools in the capacity of Teacher of Drawing, at a salary of 62 pounds per year, a situation he maintained until 1857.[22] Thus, William Hind had clearly won them over and become a civil servant, the first artist to become a full-time salaried employee of the Provincial Government, solely devoted to the teaching of visual art. There was much to celebrate, and on November 24 he no doubt attended the festivities surrounding the opening of the newly completed Normal and Models Schools by Governor General Lord Elgin.[23] Soon after, William had the privilege and responsibility of inaugurating the impressive art-teaching facilities in the east wing of the new building.

At the examination in April 1853, Ryerson again singled him out in his closing speech:

The doctor then referred to the examination which had taken place and to the very excellent specimens of linear drawing hanging on the walls. The pupils had been taught in this art, he said, by Mr. Hind, jun., a young gentleman who

révélateurs de son caractère, à travers le regard et les commentaires d'autres gens. William Hind restait bien déterminé à prouver les progrès de ses élèves, ce qui validait aussi tout son travail d'enseignant. Lors des examens publics que passèrent ses élèves le 14 avril 1852 et où furent exposés leurs dessins, ses efforts furent non seulement remarqués, mais ils se virent louanger en public par Ryerson lui-même:

Le professeur Ryerson se mit alors à mentionner les progrès des élèves en agrochimie, sous la direction de M. H. Y. Hind; en écriture sous celle de M. Stacey; et en dessin sous celle de M. William Hind, frère du susnommé et récemment arrivé d'Angleterre, avec d'excellentes références des directeurs de l'École gouvernementale d'art et de design. Cette dernière discipline était à l'essai pendant quatre mois, et les preuves des progrès affichés sur les murs se sont révélées extrêmement satisfaisantes. Il ne s'agissait pas de simples copies, mais de dessins d'après nature[21].

Finalement, en octobre 1852, le Conseil de l'Éducation nomma officiellement William Hind Employé des écoles normale et modèle en qualité de Professeur de dessin, à un salaire annuel de soixante-deux livres, situation qu'il conserva jusqu'en 1857[22]. Ainsi, William Hind les avait gagnés à sa cause et était devenu fonctionnaire, le tout premier artiste à être payé à temps plein par le gouvernement provincial pour enseigner exclusivement l'art visuel. Des célébrations étaient de rigueur et, le 24 novembre, il ne fait aucun doute qu'il participa aux fêtes organisées pour l'inauguration par le Gouverneur général lord Elgin[23] des écoles normale et modèle dont la construction venait juste de s'achever. Peu après, William Hind eut le privilège et la responsabilité d'inaugurer les superbes installations d'enseignement des arts dans l'aile est du nouvel édifice.

Lors de l'examen d'avril 1853, Ryerson mentionna là encore le nom de William Hind dans son discours de clôture:

Le Professeur fit ensuite référence à l'examen qui venait d'avoir lieu et aux échantillons remarquables de

has done great credit to himself and to the Institution during his connection to it.[24]

This again was high public praise for twenty-year-old William, who no doubt demonstrated a quiet, confident air and affable nature amongst his colleagues and superiors, and who obviously solicited a genuine response of confidence and diligence from his students.[25] His name with the qualifier "Teacher of Drawing," was regularly published in the Canadian Almanac,[26] the City Directories, and in the middle of the *Globe*'s famous December 13, 1856, "*Pictorial Supplement*."[27] Having secured permanent employment, William naturally went about the business of his new life. He lived in the heart of the city, just across the way from the Normal School, near the Church of the Holy Trinity. In 1856 he lived at 173 Yonge St. (today's Eaton Centre) in a room at Mrs. Mary Monro's gentleman's boarding house.[28] According to the Syllabus of lectures, William taught only two hours per week in the Normal School[29] and linear drawing in the boys and girls Model Schools.[30] Little is known about what else he did to earn his keep and occupy his days. In the next few years, his activities reveal his distinct talent for designing illustrations for the pictorial press.

It is known that besides teaching, William also painted, although we still have only very little evidence. No record has yet been uncovered to show that he advertised his practice as an artist or promoted the sale of his work from a private studio. However, he did exhibit his work in his community for four days in September 1852, in the Fine Arts section of the Provincial Agricultural Exhibition at Toronto. A published review singled him out by name and mentioned the titles of the two works that he exhibited, but decried the neglectful manner of the installation. Nevertheless, William's paintings were hung along with the work of other established artists, such as Paul Kane, Hoppner Meyer, George Reid, William Armstrong, Robert Whale, and Sanford Fleming; unfortunately, we have no knowledge of his relationship with them.[31]

dessins linéaires accrochés aux murs. Les élèves avaient appris cet art sous la férule, dit-il, de M. Hind junior, un jeune homme qui s'était attiré bien des éloges sur lui-même et sur notre Établissement tout le temps où il y était resté[24].

C'était de nouveau un hommage public pour William, âgé alors de seulement vingt ans, qui affichait certainement parmi ses collègues et supérieurs un air tranquille, sûr de lui, et dont la nature affable favorisait chez ses élèves la confiance et la diligence[25]. Son nom accompagné de sa qualité de «Professeur de dessin» apparaissait sur une base régulière dans le *Canadian Almanac*[26], les répertoires de la ville, et au milieu du célèbre *Pictorial Supplement* du *Globe* de Toronto du 13 décembre 1856[27]. Après s'être assuré d'un emploi permanent, William Hind continua à mener sa vie. Il habitait en plein cœur de la ville, juste en face de l'école normale, près de l'église de la Sainte-Trinité. En 1856, il vivait au 173 de la rue Yonge (aujourd'hui le Centre Eaton) dans une chambre de la pension pour hommes de Mme Mary Monro[28]. Selon le programme de cours, William n'enseignait que deux heures par semaine à l'école normale[29] et le dessin linéaire dans l'école modèle de garçons et dans celle de filles[30]. On ne sait trop ce qu'il faisait d'autre pour gagner sa vie et occuper ses journées. Au cours des quelques années qui suivirent, ses activités révèlent son talent bien particulier à composer des images pour la presse illustrée.

On sait qu'à part l'enseignement, William Hind faisait aussi de la peinture, bien qu'il n'en reste que très peu de preuves. On n'a pas encore découvert de documents attestant qu'il faisait la publicité de sa pratique artistique ou annonçait la vente de ses tableaux dans un atelier privé. En septembre 1852, ses œuvres furent toutefois exposées durant quatre jours dans sa ville, à la section Beaux-Arts de la Foire agricole provinciale de Toronto. Une critique dans la presse écrite le nomma personnellement et mentionna le titre de deux œuvres exposées, tout en décriant la mauvaise qualité de l'installation. Il n'en reste pas moins que ses tableaux figuraient à côté de ceux de peintres renommés, tels que Paul Kane, Hoppner

In 1855 William further demonstrated his intellectual curiosity when he became an elected member of the Canadian Institute.[32] His brother Henry had been a founding member in 1847, along with his good friend Sanford Fleming, and from 1850 to 1855, Henry was the editor of the Institute's publication *The Canadian Journal*. William was one of only three artists who would ever become members. Paul Kane preceded him by a few years, and much later J. W. L. Forster was elected, both contributing several articles to the Journal. William did not contribute, but would probably have eagerly attended Paul Kane's lecture at the Canadian Institute on March 14, 1855 entitled *The Chinook Indians*, (of the Pacific North-West). Kane's presentation was well illustrated with his many paintings based on sketches taken on his recent overland travels through the North-West.[33]

These recent findings provide a new and more vital image of William Hind and put to rest the previous one-dimensional portrait of him as a weird, irascible loner, and eccentric, reclusive drunk. His actions reveal that he was a responsible educator and appreciated teacher who proved to be a collegial and sociable young man. He was articulate and had intelligence and wit. His self-confidence was sustained through his vitality and industry. He became very well known and involved himself in his community and the Toronto establishment, and was dedicated to contributing to the social, intellectual, and artistic fabric of Canadian society and culture of his time.

However, in the spring of 1857 there was a dramatic shift in William Hind's life. He suddenly left teaching and the records of his resignation still elude us. The financial accounts for that year coldly record that he received his last quarterly pay of 15 pounds at the end of the winter session on March 30, 1857.[34] Further signs of his presence and activities surfaced only two years later.

William left behind his public role as "teacher of drawing" and gradually assumed a new persona as "artist/illustrator" through the pictorial press. This transformation was achieved largely through his brother

Meyer, George Reid, William Armstrong, Robert Whale et Sanford Fleming; nous ne savons malheureusement rien de ses rapports avec eux[31].

En 1855, William manifesta de nouveau sa curiosité intellectuelle en se faisant élire comme membre du Canadian Institute[32]. Son frère Henry en avait été un membre fondateur en 1847, tout comme son ami proche Sanford Fleming, et, de 1850 à 1855, il agit en tant qu'éditeur pour *The Canadian Journal*, la revue de l'Institut. Il fut l'un des trois autres artistes qui en devinrent membres. Paul Kane le précéda de quelques années en cette qualité, et J. W. L. Forster fut élu beaucoup plus tard, tous deux écrivant divers articles pour la revue. Même si William Hind ne collabora pas au *Canadian Journal*, on est en droit de supposer qu'il assista avec enthousiasme à la conférence donnée par Paul Kane le 14 mars 1855 au Canadian Institute, intitulée *Les Indiens Chinook* (de la côte Pacifique nord-ouest). La présentation de Kane était abondamment illustrée des nombreux tableaux qu'il avait peints d'après des esquisses réalisées lors de sa traversée récente du Nord-Ouest[33].

Ces dernières découvertes nous offrent une nouvelle image plus vivante de William Hind et écartent à tout jamais le portrait unidimensionnel qu'on se faisait de lui auparavant, c'est-à-dire d'un original au caractère irascible qui aimait la solitude et d'un alcoolique excentrique replié sur lui-même. Ses actions indiquent qu'il prenait son rôle d'éducateur au sérieux et était un maître apprécié qui se révéla être un jeune homme sociable au comportement professionnel. Il s'exprimait avec aisance, faisait preuve d'intelligence et ne manquait pas d'esprit. Son assurance était soutenue par son dynamisme et l'exercice de sa profession. Sa notoriété s'étendant, il s'investit dans la collectivité et l'establishment de Toronto, bien décidé à contribuer au tissu social, intellectuel et artistique du pays et à la culture canadienne de son temps.

Au printemps de 1857 toutefois, la vie de William Hind connut un changement radical. Il quitta subitement l'enseignement et les détails de sa démission nous échappent encore. Les dossiers financiers pour cette année rapportent froidement qu'il reçut son dernier paiement trimestriel de

Henry's activities that encompassed extensive travel, organizational initiative, and intensive collaboration for the production of illustrations for publications and exhibitions. For the next five years, William's art would satisfy Henry's desire and need for appealing and candid images, and, in turn, Henry's explorations and publications would define much of the rich and diverse subject matter of William's art. Their symbiotic relationship sheds new light on the purpose and function, as well as the style and aesthetics of the pictures that sprang from their alliance. This energetic burst of creative activity, from 1857 to 1862, eventually propelled them from central Canada to the opposite edges of the continent. William would go West and journey "Overland" across the Prairies, through the Rocky Mountains, and to the rugged new colony of Victoria on the Pacific. Henry moved East, to the long-established maritime colonies of New Brunswick and Nova Scotia on the shores of the Atlantic.

New information now reveals some of the hidden intricacies of the Hind brothers' working relationship during this period. As a teacher since 1847, Henry eagerly sought to communicate and promote his ideas by delivering public lectures and publishing articles and pamphlets through local printers and the local press. He was commonly known to all as "Professor Hind." These new enterprises provided him with exceptional opportunities to undertake more extensive travels and explorations that resulted in more ambitious publications and exhibitions. He solicited William's collaboration to successfully realise them.[35]

In March 1857 when William abandoned teaching, Henry took leave from teaching at Trinity College to participate as geologist on the Canadian Red River Exploring Expedition. Upon his return, he was charged to submit a report to be published by the Government.[36] In addition to his descriptive text, the report included the collated statistics, measurements, plans and diagrams, the all-important maps, and more than 50 sketches taken by his assistant John Fleming.[37] Henry also found time to give

quinze livres à la fin du trimestre d'hiver, le 30 mars 1857[34]. On reste sans traces de sa présence et de ses activités pendant une période de deux ans.

William Hind délaissa son rôle public de «professeur de dessin» et se forgea peu à peu une personnalité nouvelle en tant qu'«artiste / illustrateur» dans la presse illustrée. Cette transformation devait beaucoup aux activités de son frère Henry, qui amenaient ce dernier à faire de fréquents voyages, à se charger d'organiser la production d'images pour des livres et des expositions et à y collaborer de façon intense. Au cours des cinq années suivantes, William Hind allait alimenter de son art les besoins insatiables de son frère en images d'une grande beauté, prises sur le vif. Les projets d'exploration et de publication de Henry Hind allaient en retour fournir nombre des sujets qui composent l'œuvre copieux et varié de William. Leur relation symbiotique jette une nouvelle lumière sur le but et la fonction ainsi que sur le style et l'esthétique des images qui naquirent de leur alliance. Ce débordement d'activité créatrice, qui dura de 1857 à 1862, finit par les propulser du centre du Canada aux deux extrémités du continent. William allait prendre la direction de l'Ouest et traverser les Prairies par «voie» terrestre, franchissant les montagnes Rocheuses pour atteindre la nouvelle colonie primitive de Victoria sur le Pacifique. Henry allait partir vers l'Est s'installer dans les colonies maritimes déjà établies du Nouveau-Brunswick et de Nouvelle-Écosse sur les rivages de l'Atlantique.

De nouvelles informations révèlent aujourd'hui la face cachée des relations de travail des frères Hind durant cette période. En sa qualité d'enseignant depuis 1847, Henry cherchait activement à communiquer et à promouvoir ses idées en donnant des conférences publiques et en publiant articles et brochures par l'entremise des imprimeurs et de la presse locale. Tout le monde le connaissait comme le «Professeur Hind». Ces nouvelles activités lui fournirent des occasions exceptionnelles de se lancer dans de grands voyages d'exploration qui débouchaient sur d'autres expositions et ouvrages encore plus ambitieux. Il demanda à William de l'aider à réaliser ces projets[35].

En mars 1857, quand William quitta l'enseignement,

public lectures and publish articles in the press and in journals about his experiences in the North-West. In 1858, invested with more authority, Henry returned to the Red River Settlement not only as geologist, but as "Director in charge" of the Assiniboine and Saskatchewan Exploring Expedition, to which he also added the photographer/surveyor Humphrey L. Hime.[38]

In April 1858, before Henry's departure from Toronto, he met Charles MacKay, editor of the *Illustrated London News*, and persuaded him to publish articles about the Expeditions.[39] The article published on October 2, 1858 related the 1857 Expedition and was illustrated with the sketches taken by Fleming. It also included an engraved portrait of Henry, presenting him, his work, and the North-West to the world for the first time. The article published two weeks later on October 16 reported on the 1858 Expedition and was illustrated with two wood engravings after photographs by Hime.[40] This extraordinary event brought Henry to fame and surely awoke in him visions for future illustrated publications.

After his return to Toronto in December 1858, Henry prepared another report, which this time included sketches and photographs.[41] Yet Henry was dissatisfied with the result of Fleming's sketches and Hime's photographs.[42] In his estimation, they did not faithfully convey the truth of his experience on the Saskatchewan. Henry therefore commissioned William Hind to create 20 large watercolour paintings based on Fleming's sketches:

> I have made arrangements for a series of paint-
> ings, two feet by twenty inches of all the most
> interesting scenes many of which are a remake of
> sketches of part of the country which were not
> attempted to be taken by photographs or when
> attempted the photographer failed.[43]

William received a fee of $100 for the watercolours.[44] The list of all 20 paintings was published in the report that Henry submitted in August 1859, and which he

Henry prit un congé de son poste à Trinity College pour participer en tant que géologue à l'Expédition canadienne d'exploration de la rivière Rouge. À son retour, il fut chargé de soumettre un rapport que le gouvernement devait publier[36]. En plus des descriptions écrites, le rapport comportait les statistiques, mesures, plans et diagrammes recueillis, les cartes qui étaient d'une extrême importance, et plus de cinquante esquisses réalisées par son assistant, John Fleming[37]. Henry trouva en outre le temps de donner des conférences publiques et de publier des articles dans la presse et dans des revues sur son expérience du Nord-Ouest. En 1858, investi de plus de pouvoirs, Henry retourna à la colonie de la rivière Rouge non pas comme géologue, mais en tant que «Directeur en charge» de l'Expédition d'exploration de l'Assiniboine et de la Saskatchewan, pour laquelle il s'adjoignit en outre le photographe / topographe Humphrey L. Hime[38].

En avril 1858, avant que Henry ne quitte Toronto, il rencontra Charles MacKay, rédacteur en chef du *Illustrated London News*, et il le persuada de publier des articles sur les expéditions[39]. L'article publié le 2 octobre 1858 relatait l'expédition de 1857 et était illustré des croquis réalisés par Fleming. Il incluait aussi un portrait gravé et, pour la toute première fois, présentait au monde Henry Hind, son travail et le Nord-Ouest. L'article publié deux semaines plus tard, le 16 octobre, concernait l'expédition de 1858 et était illustré de deux gravures sur bois réalisées d'après des photographies prises par Hime[40]. Cet événement extraordinaire apporta la célébrité à Henry et éveilla certainement chez lui le désir de produire d'autres publications illustrées.

Après son retour à Toronto en décembre 1858, Henry prépara un autre rapport, qui incluait cette fois croquis et photographies[41]. Henry Hind n'était cependant pas satisfait du résultat des croquis de Fleming et des clichés de Hime[42]. Selon lui, ils n'étaient pas un reflet fidèle de son expérience d'explorateur de la Saskatchewan. Il passa donc une commande à son frère pour qu'il peigne vingt grandes aquarelles d'après les croquis de Fleming:

> J'ai pris des dispositions pour obtenir une série de

resolved to exhibit in September at the Provincial Exhibition at Kingston.[45] But two weeks before showing at Kingston, Henry displayed the full panoply of his report – the diagrams, plans, maps, photographs by Hime, and watercolour paintings by William Hind - at the Toronto Union Exhibition on September 14-17, 1859. Henry received very favourable press reviews. One of William's landscapes won a first prize and Hime's photographs got a second-class prize.

There now remains but the fine arts to be noticed, and that can be done in a few words. The maps, sections, plans, water-colour drawings and photographs, contributed by Professor Hind, results of his exploring expeditions in the western country, were exceedingly interesting. By them we were enabled to realize, far better than from written description, the scenery of the regions which is now rapidly rising into importance. There is the Grand Rapid of the Saskatchewan for instance, one of the greatest impediments which has to be encountered in the navigation of that noble river. Few imagined the Hudson's Bay Fort at Fort Garry, presented such a warlike appearance, or that the churches of Selkirk settlement were so substantially built. The half-breed with whose portrait we are furnished, is a handsome fellow enough, but we cannot pay a like compliment to Susan of the Swamps. The Bishop of Rupert's Land is well housed; indeed the clergy and the Company seem to have monopolised the good things of the land. The next time that Mr. Hind's coadjutor, Mr. Hime, finds himself on the Red River, he will probably have the opportunity afforded him of photographing other stores than those which have so long monopolised the trade. The scenes of "the prairies looking south" and "the prairies looking west," we suppose are intended to convey an idea of vastness, but we

48

tableaux, de deux pieds sur vingt pouces, de toutes les scènes les plus intéressantes, dont beaucoup sont une nouvelle version de croquis représentant une partie du pays qui n'a pas été prise en photo ou si elle l'a été, le photographe n'a pas bien réussi[43].

William fut payé cent dollars pour ses aquarelles[44]. La liste des vingt tableaux fut publiée dans le rapport que Henry soumit en août 1859, et qu'il décida d'exposer en septembre à la Foire provinciale qui se tenait à Kingston[45]. Mais deux semaines avant de les montrer à Kingston, Henry Hind présenta son rapport complet – incluant diagrammes, plans, cartes, les photos prises par Hime et les aquarelles de son frère – à la Union Exhibition qui avait lieu du 14 au 17 septembre 1859 à Toronto. Henry reçut des critiques positives. Un des paysages de William remporta un premier prix, tandis que les clichés de Hime reçurent un deuxième prix.

Il ne reste plus maintenant que les beaux-arts sur lesquels s'attarder, et il suffira de quelques mots. Les cartes, coupes transversales, plans, dessins à l'aquarelle et photographies, fournis par le Professeur Hind, aboutissement de ses voyages d'exploration dans les régions de l'Ouest, étaient intéressants au plus haut point. Grâce à eux, on pouvait se faire une idée, bien plus précise qu'avec une description écrite, du paysage des contrées qui prennent actuellement de plus en plus d'importance. Il y a par exemple le Grand rapide de la Saskatchewan, l'un des obstacles majeurs que l'on rencontre en naviguant sur cette noble rivière. Bien peu imaginaient que le fort de la Compagnie de la Baie d'Hudson à Fort Garry offrait une telle apparence comme s'il y avait la guerre, ou que les églises de la colonie de Selkirk étaient si solidement construites. Le métis dont on peut voir le portrait est un bien bel homme, mais on ne peut faire de semblable compliment à la Susan-des-Marais. L'Évêque de la Terre de Rupert est bien logé; il semble, en fait, que le clergé et la Compagnie aient le monopole de tout ce

cannot say the design has succeeded. Altogether the collection is very acceptable, and we should be glad if the public were allowed other opportunities of inspecting it. Professor Hind takes a first prize for one of the landscapes and Mr. H. Hime, who accompanied the expedition, a second class prize for his photographs. We think they deserved something better.[46]

Henry then took the entire display to the Provincial Exhibition at Kingston on September 27-30, where he was granted a 45 by 9 foot high space to install the report in The Crystal Palace.[47] His report received even greater attention in the *Montreal Gazette*, including high praise for William Hind's paintings and their future publication:

Turning round from the needle work, one directly faced a collection of the maps, sections, plans, water-colour drawings, and photographs, accompanying a Report on the Assiniboine and Saskatchewan Exploring expedition under the charge of Mr. Henry Youle Hind, M.A., Toronto, in 1859, with which I and many others were much interested. These were to many the most novel and striking feature of the exhibition, and one was tempted to linger upon them, to get as near a view and as correct an appreciation as possible of the great and so much talked about North West territory. The maps and sections were replete with highly important information of the most important part of the territory. The water-colour drawings were executed by Mr. W. Hind, from sketches taken by Mr. J. Fleming, Assistant surveyor to the expedition… . The photographs are taken by Mr. Humphrey L. Hime… . I hope to see all these views published. They would make a valuable addition to the valuable report of the expedition.[48]

qu'il y a de bon dans la région. La prochaine fois que M. Hime, l'associé de M. Hind, se trouvera sur la rivière Rouge, il se verra probablement donner l'occasion de photographier d'autres magasins que ceux qui, depuis si longtemps, monopolisent le commerce. On suppose que les scènes des «Prairies en regardant vers le sud» et des «Prairies en regardant vers l'ouest» ont pour but de transmettre une idée des vastes étendues, mais on ne peut pas dire que le dessin y parvienne. Dans l'ensemble, la collection est tout à fait acceptable et il serait heureux que le public se voit offrir d'autres occasions de l'examiner. Le Professeur Hind remporte le premier prix pour l'un de ses paysages et M. H. Hime, qui accompagnait l'expédition, un second prix pour ses photos. Selon nous, elles mériteraient mieux[46].

Henry Hind transféra ensuite toutes les pièces de l'exposition à la Foire provinciale qui se tenait du 27 au 39 septembre à Kingston, où on lui donna un espace de quarante-cinq pieds de large sur neuf de haut pour monter le rapport dans le Crystal Palace[47]. Son rapport suscita une attention encore plus importante dans le *Montreal Gazette*, y compris des commentaires élogieux pour les tableaux de William Hind et leur future publication:

Tournant le dos aux travaux d'aiguille, on fait tout de suite face à une collection de cartes, coupes transversales, plans, dessins à l'aquarelle et photographies, accompagnant un Rapport sur le voyage d'exploration de l'Assiniboine et de la Saskatchewan entrepris en 1859 sous la direction de M. Henry Youle Hind, maître ès arts, de Toronto, rapport qui a suscité un grand intérêt de ma part et de celle de bien d'autres gens. Ces objets étaient pour beaucoup la grande nouveauté et le point saillant de la Foire, et on était tenté de s'y attarder, de chercher à les voir de très près

This was a remarkable achievement for its time. Henry had successfully brought a "virtual" North-West, not only privately to Government ministers, but publicly to ordinary people who had been reading about the North-West on a daily basis for years. In the installation, descriptive texts allowed people to read an exact geological description of the North-West. Maps, plans, and cross-sections provided a conceptualized topographical view of the distances, scale and relationships of its lands, lakes, and rivers. The monochrome photographs claimed to present objective truth in views of North-West people, objects, buildings, rivers, and lands. The large watercolour paintings conveyed the great geographical spaces and broad skies, the atmosphere and brilliant light of its landscape through the spectacle of vivid colours. The installation of the report at Toronto and Kingston was viewed by more than 25,000 people[49] and represents the first collision of photography and painting concerned with the North-West to be exhibited in Canada.

Although a second-hand account based on sketches by another artist, this series of watercolour paintings constituted William's first embrace of the Canadian West. It remains the largest known exhibition of works by William Hind in his lifetime. He had not yet set foot there and already his paintings of the West were well received and critically viewed. Now that we know this, William Hind should be regarded as not only an artist working directly from nature but also as a "copyist." This understanding is important because it opens up an aspect of his talents never before considered, and the implications of this realization for an artist who rarely signed or dated his work are profound. In the past, most of William's works were dated according to recognizable iconography in his pictures in conjunction with his location across the country. However, this is no longer a given and will require a more astute examination of his oeuvre and its documentation. Sadly, these watercolours are missing and their disappearance remains one of the great frustrations in Canadian art.

pour se faire la meilleure idée possible de ce grand territoire du Nord-Ouest dont on parle tant. Les cartes et les coupes transversales regorgeaient d'informations de la plus haute importance sur la partie la plus capitale du territoire. Les dessins à l'aquarelle avaient été exécutés par M. W. Hind, d'après des croquis réalisés par M. J. Fleming, topographe adjoint de l'expédition. ... Les clichés ont été pris par M. Humphrey L. Hime. ... J'espère que toutes ces images seront publiées. Elles seraient un précieux ajout au rapport constructif de l'expédition[48].

Cela constituait un fait remarquable pour l'époque. Henry Hind avait réussi à mettre un Nord-Ouest «virtuel» à la portée non seulement des ministres gouvernementaux en privé, mais aussi du grand public qui, depuis des années, lisait quotidiennement tout ce qui sortait sur le Nord-Ouest. Dans l'installation, des descriptions écrites permettaient aux gens de lire la représentation géologique exacte de la région. Les cartes, plans, coupes transversales offraient une image conceptualisée du relief, des distances, de l'échelle et de la relation entre la terre, les lacs et les rivières. Les clichés noir et blanc devaient donner une image objective et vraie des habitants du Nord-Ouest, des objets, des bâtiments, des terres et des cours d'eau. Les grandes aquarelles transmettaient l'immensité des espaces géographiques et l'infini du ciel, l'atmosphère et la luminosité de son paysage par le truchement des couleurs vives. Plus de vingt-cinq mille personnes[49] vinrent visiter l'installation du rapport à Toronto et à Kingston. Dans cette exposition, on assistait pour la première fois au Canada à une confrontation de la photographie et de la peinture sur le Nord-Ouest.

Bien qu'indirecte, car fondée sur des croquis réalisés par un autre artiste, c'est avec cette narration que William Hind embrassa pour la première fois l'Ouest canadien. Elle demeure la plus grande exposition des œuvres de l'artiste que l'on connaisse de son vivant. Il n'avait pas encore mis le pied dans l'Ouest que déjà ses tableaux de la région connaissaient un accueil favorable et que la critique s'y intéressait. Forts de ces connaissances, nous devrions maintenant considérer William

In June 1860 Henry left for London to have the report and photographs published by the British Government.[50] He also had a popular narrative based on the 1857-58 reports published in two volumes and enlarged with personal anecdotes.[51] It was illustrated with maps and plans, and with wood engravings in black and white as well as in colour, based on Fleming's sketches and Hime's photographs. William's paintings were excluded from this venture.[52]

The following year the Hind brothers undertook another exploration and publishing project involving an expedition up the Moisie River, Labrador. This expedition was briefer and less complex than the previous one and was to be more intimately realized. It also marked the first time that William Hind's paintings appeared in the pictorial press of the period. Just returning from England, William joined Henry's party as expedition artist. They met at Quebec on June 4, 1861 and proceeded to Sept-Iles and up the Moisie River.[53] On August 6, having completed their journey, the brothers returned to Toronto on the steamer *Napoleon III*.[54] Over the winter of 1861-62, William finished more than 90 painted illustrations that Henry would soon take to England for publication.[55] (See catalogue #7, 9 and 10 for examples of paintings based on the Labrador expedition.)

Their collaborative efforts on *Explorations in the Interior of the Labrador Peninsula…* would be their greatest personal success. The two volumes were published in the fall of 1863 and illustrated with colour lithographs and black and white wood engravings, all based on William's paintings and sketches. Many of these paintings and sketches can be found in various Canadian public collections. Although his talent as an artist is today recognized mostly for his precise description of nature through his remarkable powers of observation, William Hind reveals himself for the first time as "illustrator" with outstanding powers of imagination.[56] Henry's books received a lengthy critique in London in *The Saturday Review*, January 30, 1864. William's name is mentioned as the

Hind non seulement comme un artiste travaillant directement d'après nature, mais également comme un «copiste». Cette distinction est importante car elle dévoile une facette de son talent sur laquelle on ne s'est jamais attardé et, pour un artiste qui signait ou datait rarement ses œuvres, les conséquences de cette révélation sont très importantes. Par le passé, la plupart des œuvres de William Hind étaient datées d'après les images que l'on pouvait associer dans ses tableaux aux divers lieux où il s'était trouvé à travers le pays. Mais maintenant, ce n'est plus un fait acquis et il faudra désormais faire preuve de plus de perspicacité dans l'examen de son œuvre et de la documentation qui s'y rattache. Il est regrettable que ces aquarelles se soient perdues et leur disparition demeure l'une des grandes frustrations de l'art canadien.

En juin 1860, Henry Hind partit pour Londres afin d'y faire publier par le gouvernement britannique le rapport et les photographies[50]. Il fit aussi publier, sous deux tomes, augmentés d'anecdotes personnelles, un récit populaire écrit d'après ses rapports de 1857-1858[51]. Cet ouvrage était illustré avec des cartes et des plans de même que des bois noir et blanc ainsi que polychromes, réalisés d'après les croquis de Fleming et les clichés de Hime. Les tableaux de William Hind n'étaient pas inclus dans les illustrations[52].

L'année suivante, les frères Hind se lancèrent dans un autre projet d'exploration et d'édition qui concernait cette fois la remontée de la Moisie au Labrador. Cette expédition était plus courte et moins complexe que la précédente et elle fut réalisée à plus petite échelle. Elle marquait aussi la première parution des aquarelles de William Hind dans les journaux illustrés de l'époque. À peine revenu d'Angleterre, il se joignit au groupe de son frère comme artiste d'expédition. Ils se retrouvèrent à Québec le 4 juin 1861 et se rendirent à Sept-Îles, d'où ils remontèrent la Moisie[53]. Le 6 août, ayant accompli leur voyage, les deux frères retournèrent à Toronto sur le vapeur *Napoleon III*[54]. Durant l'hiver de 1861-1862, William Hind réalisa plus de quatre-vingt-dix illustrations que Henry allait bientôt emporter en Angleterre pour les faire publier[55]. (Pour des exemples de tableaux réalisés d'après l'expédition au Labrador, voir nos 7, 9 et 10 du cat.)

artist responsible for the "accurate" illustrations that added to the picturesqueness of the volumes.[57]

In the spring of 1862, just as William was finishing the illustrations for "*Explorations ...*," he decided to go overland to British Columbia. The discovery of gold on the Fraser River was already confirmed beyond a doubt in 1858,[58] and the wave of miners who migrated from all over the world simply overwhelmed Vancouver Island and British Columbia. The Toronto *Globe* published letters, editorials, and articles – almost daily and from every point of view – about the Red River Settlement, British Columbia, Victoria, and the Fraser River. William was deluged with columns of information from many sources about the North-West years before he ever set foot there. Because of his close relationship and collaborative efforts with his brother, William was amongst the very few to be privy to the real character of the North-West. This knowledge and his previous experience in illustrating other expeditions would contribute to his frame of mind.

It is interesting to note that in early 1859 Henry tried to induce the Canadian Government to let him return to the North-West. He wanted to finish his exploration work from the Saskatchewan through the passes of the Rocky Mountains and straight to the Pacific. After he got wind of an overland party of some 40 educated young men organizing to go after Fraser gold, he resubmitted his request to the Government, asking them to let him harness this energetic group into an exploring expedition through the Rockies. Henry argued that he could convince these young men to join the survey if the Government offered them "*... assistance in the form of provisions and the privilege of forming a part of the Expedition, ...*" in exchange for their services. He even submitted a detailed cost estimate that included an expedition artist of sorts – possibly William. The Government refused since a survey of the passes through the Rocky Mountains had already been completed by the Palliser Expedition, which was still active at the time.[59]

In March 1862, while William was attending

Leur collaboration à l'ouvrage *Explorations in the Interior of the Labrador Peninsula...* allait être le couronnement de leurs activités personnelles. Les deux tomes, publiés à l'automne de 1863, étaient illustrés de lithographies en couleurs et de gravures sur bois noir et blanc, toutes réalisées d'après des tableaux et croquis de William. Un grand nombre de ces œuvres se trouvent maintenant dans des collections publiques au Canada. Bien que William Hind soit aujourd'hui reconnu surtout pour son talent à décrire minutieusement la nature grâce à son extraordinaire capacité d'observation, l'artiste se révèle pour la première fois comme un «illustrateur» doté d'une puissance d'imagination remarquable[56]. À Londres, les ouvrages de Henry Hind firent l'objet d'une longue critique dans le *Saturday Review* du 30 janvier 1864. Le nom de William y figure à titre d'artiste responsable des illustrations très «précises» qui ajoutaient au caractère pittoresque des deux tomes[57].

Au printemps de 1862, alors même que William Hind achevait les illustrations pour *Explorations...*, il décida de se rendre en Colombie-Britannique par voie terrestre. La découverte d'or sur les rives du Fraser avait déjà été attestée en 1858[58], et la vague des prospecteurs qui émigrèrent du monde entier submergea pratiquement l'île de Vancouver et la Colombie-Britannique. Le *Globe* de Toronto publia lettres, éditoriaux et articles – sur une base quasi quotidienne et exprimant tous les points de vue – sur la colonie de la rivière Rouge, la Colombie-Britannique, Victoria et le Fraser. Avant même d'avoir posé le pied dans le Nord-Ouest, William fut inondé de chroniques et de renseignements sur cette région, qui lui parvenaient de diverses sources. De par ses liens étroits et sa collaboration avec son frère, il fut l'une des rares personnes à être dès le début dans le secret de la véritable nature du Nord-Ouest. Cette connaissance et son expérience d'illustrateur acquise au cours d'expéditions antérieures allaient façonner son état d'esprit.

Il est intéressant de noter qu'au début de 1859, Henry Hind tenta de convaincre le gouvernement canadien de le laisser retourner dans le Nord-Ouest. Il voulait achever son travail d'exploration en partant de la Saskatchewan pour se

preliminary meetings and preparing to sign up, Henry was rushing to put together a small publication entitled *A Sketch of an Overland Route to British Columbia* that would serve as a travel guide for those contemplating the trip.[60] It came out by mid-April, complete with a map and just in time for the big departure. It read like a confident tourist guidebook, instructing how to organize and dress, what supplies to bring and how to pack, financial costs, quality of food, climate, topography, distances between major points, what pitfalls to avoid, and so on. In addition to his vast personal knowledge, Henry began by providing precise, descriptive information on the five major passes through the Rocky Mountains, pulled directly from the Palliser Expedition report.[61]

Meanwhile, on April 3, an emphatic notice of a final meeting of overlanders appeared in the *Globe*: "This meeting for only those really intending, would commence at half past seven o'clock."[62] With precise forethought, William Hind must have attended these decisive meetings to meet his fellow travellers, register, and receive all further particulars about the actual trip. Like the others, he would be gone for several years and had just a few weeks to get ready. He needed to vacate his room, empty his studio, and acquire the indispensable necessities. He would need every penny he could get his hands on to pay for this trip. Toronto businesses were ready to provide assistance to those intending to go West, as indicated by a large advertisement in the April 11 *Globe* that was addressed directly to:

> Parties intending to go to British Columbia will save money to call at B. Graham's, King Street, No. 153, to procure their clothing.
>
> THE READY-MADE DEPARTMENT IS NOW COMPLETE.

On April 23 William would have joined the large Redgrave overlander party at the Union Railroad Station

diriger directement vers le Pacifique après avoir franchi les Rocheuses. Après avoir entendu dire qu'un groupe composé d'environ quarante hommes jeunes et instruits s'apprêtaient à se rendre par voie terrestre jusqu'au Fraser pour y chercher de l'or, il revint à la charge auprès du gouvernement, demandant qu'on lui permette de mobiliser l'énergie de ce groupe dans un voyage d'exploration à travers les montagnes. Il soutenait qu'il pouvait convaincre ces jeunes hommes de se joindre aux topographes si, en échange de leurs services, le gouvernement leur offrait «... de l'aide sous la forme de vivres ainsi que le privilège de faire partie de l'Expédition, ...» Il alla même jusqu'à présenter un devis détaillé des coûts qui incluait ce qu'il appelait un artiste d'expédition – qui était peut-être bien son frère. Le gouvernement refusa, avançant qu'un levé des cols des montagnes Rocheuses avait déjà été réalisé par l'expédition Palliser, qui était encore à l'œuvre à l'époque[59].

En mars 1862, alors que William Hind assistait à des réunions préparatoires et était sur le point de s'inscrire, son frère se dépêchait de composer un petit document intitulé *A Sketch of an Overland Route to British Columbia*, qui servirait de guide de voyage à ceux qui envisageaient de partir[60]. Il sortit mi-avril, juste à temps pour le grand départ, et comprenait même une carte. Il se lisait comme un guide touristique fait pour rassurer les futurs voyageurs en leur donnant des conseils sur l'organisation et l'habillement, les fournitures nécessaires et la façon de les transporter, les coûts financiers, la qualité de la nourriture, le climat, le terrain et les distances entre les points importants, les pièges à éviter, etc. Outre ses vastes connaissances personnelles, Henry Hind commençait en donnant des renseignements précis et descriptifs sur les cinq grands cols des Rocheuses, information tirée directement du rapport de l'expédition Palliser[61].

Pendant ce temps, le 3 avril, parut dans le *Globe* l'annonce bien ciblée d'une dernière réunion des candidats au voyage par voie terrestre: «Cette réunion réservée à ceux qui ont la ferme intention de partir, débutera à sept heures trente[62].» Avec une idée bien précise en tête, William Hind dut assister à ces réunions décisives pour faire la connaissance de ses compagnons de route, s'inscrire et recevoir tous les détails du

on King Street. From there the train would slowly push out toward Chicago and St. Paul's to connect with the new steamer *International* that would take him to the Red River Settlement. William must have been anxious to see if his actual experience of the North-West would live up to the expectations of his colour-filled imagination.

In addition to his travelling gear, William brought along an adequate supply of artist materials, including a portfolio of various sizes of papers and sketchbooks, painting materials, and probably his portable easel. It is most likely at this time that he purchased the small, pocket-size, leather-bound, metallic sketchbook from Bain's Book Seller on King Street.[63] On its pages, he faithfully transcribed his observations during the summer journey from the Red River to the Rocky Mountains.

This little book, now in the collection of the National Archives of Canada, is solidly built, with a strong, full, black leather binding. It is the only one of probably many sketchbooks to have survived to this day.[64] It served him well, for its 93 sheets of dated and titled drawings show that he used it almost daily to record the immediate business of life during their progress across the Prairies (see catalogue illustrations and CD-ROM). The sketches are based on a few recurring themes, taken from telling and sometimes surprising perspectives.[65] William's past practices in producing suitable designs for images conveying the truth of novel experiences, in unfamiliar circumstances in a rarely seen landscape, help us to understand the nature of his work in the North-West. His acute sense of the use of field sketches as potential published illustrations would inevitably shape the frame through which the images upon which he focused were selected and sketched or painted.

We know that William Hind had a broader purpose, beyond gold digging, in undertaking this journey through the Canadian West.[66] His brother Henry makes a clear statement about this purpose. Henry saw to it that one of the watercolours and four paintings resulting from William's work on the Moisie River were exhibited at

voyage même. Comme les autres, il allait s'absenter durant plusieurs années et il n'avait que quelques semaines pour se préparer. Il lui fallait libérer sa chambre, vider son atelier et se procurer les articles qui lui seraient indispensables. Il aurait besoin de tout l'argent qu'il pourrait se procurer pour les frais du périple. Les entreprises torontoises étaient prêtes à offrir de l'aide à ceux qui prenaient la route de l'Ouest, comme le signalait une grande annonce parue dans le *Globe* du 11 avril, qui s'adressait directement aux futurs voyageurs:

Les groupes ayant l'intention de se rendre en Colombie-Britannique épargneront de l'argent en venant chez B. Graham, au 153 de la rue King, pour se procurer leurs vêtements.

LE RAYON DE PRÊT-À-PORTER EST MAINTENANT COMPLÈTEMENT GARNI.

C'est probablement le 23 avril, à la gare ferroviaire Union située rue King, que William Hind se joignit au groupe imposant de Redgrave qui allait entreprendre le voyage par voie terrestre. De là, le train s'ébranlerait lentement en direction de Chicago et Saint Paul où il assurait la correspondance avec le vapeur *International* qui emmènerait le jeune Hind à la colonie de la rivière Rouge. Ce dernier devait être impatient de voir si ce qu'il allait vivre au quotidien dans le Nord-Ouest serait à la hauteur de ce que lui laissait entrevoir son imagination délirante.

Outre ses effets de voyage, William Hind emportait avec lui une quantité suffisante de fournitures d'artiste, y compris un carton à dessin contenant des papiers et carnets de croquis de différentes tailles, du matériel de peinture et probablement son chevalet portable. On pense que c'est à ce moment-là qu'il acheta chez Bain, le libraire de la rue King[63], le petit carnet de croquis «métallique» de format de poche, relié en cuir. Dans ses pages, il consigna fidèlement ses observations au cours du voyage estival depuis la rivière Rouge jusqu'aux montagnes Rocheuses.

Ce petit livre de fabrication robuste, qui se trouve

Toronto in the September 1862 Provincial Exhibition before he took them to be published in London. The *Globe* reviewer gave them worthy and favourable notice, but misattributed the watercolour to William Armstrong, and regretted that the name of the artist who painted the four small oil paintings could not be found. In a succinct letter to the editor on September 27, Henry corrected the error and informed everyone that the works were by his brother William Hind. He stated that they were from a series of 90 images that he had taken the previous summer while they were exploring the Moisie River. Henry adds: *"Mr. William Hind is now on his road to British Columbia, for the purpose of sketching the passes through the Rocky Mountains."*[67] It is reasonable to speculate that Henry and William likely had planned another illustrated book. It could very well have been Henry's small *"Sketch of An Overland Route…"* that William inevitably carried with him. In it, Henry begins with a precise description of several of the passes through the Rocky Mountains. The booklet could very well have served as William's template in which to fit appropriate illustrations of the passes for a second edition. However, no such volume was ever realised.

After William's departure, Henry soon became involved in another "pictorial" publishing venture. It was entitled *Eighty Year's Progress of British North America*, published with illustrations in 1863 by Stebbins in New York and Lovell in Toronto. This time, Henry shared the limelight with four other contributing authors. His work consisted of a group of short essays on such topics as geology, agriculture, forestry, the North-West, and the new Parliament buildings. The book was regularly updated and republished several times. By 1869 there had been four editions, the last of which was released with the consummate title: *The Dominion of Canada*.

William left Victoria in 1870 to return east by the overland route, spending a productive winter in Winnipeg. From there, probably through the intermediary of his brother Henry, William again skirted with the pictorial

maintenant dans la collection des Archives nationales du Canada, est complètement recouvert d'une solide reliure en cuir noir. C'est le seul parmi d'autres carnets de croquis éventuels à nous être parvenu[64]. Il lui rendit de bons et loyaux services, car ses quatre-vingt-treize feuilles de dessins datés et intitulés montrent qu'il l'utilisait sur une base quasi quotidienne pour y inscrire les événements courants durant leur progression dans les Prairies (voir les illustrations du catalogue). Les croquis sont fondés sur quelques thèmes qui se répètent, envisagés sous des perspectives révélatrices et parfois surprenantes[65]. On comprend mieux la nature du travail de William Hind dans le Nord-Ouest quand on connaît son mode opératoire antérieur qui consistait à composer des images transmettant fidèlement des expériences inédites, dans des situations nouvelles et un paysage insolite. Son sens très juste de l'utilisation du croquis à main levée pour d'éventuelles illustrations destinées à être publiées devait inévitablement façonner le cadre au travers duquel il choisissait puis esquissait ou peignait les images qui retenaient son attention.

Nous savons qu'en entreprenant cette traversée de l'Ouest canadien, William Hind avait des visées qui dépassaient la prospection de l'or[66]. Son frère, Henry, est très clair sur ce point. Il fit en sorte qu'une des aquarelles et quatre tableaux résultant du travail de William sur la Moisie soient exposés à Toronto dans le cadre de La Foire provinciale de septembre 1862 avant qu'il ne les emporte à Londres pour les faire publier. Le critique du *Globe* eut à leur égard des mots élogieux, mais c'est à tort qu'il attribua l'aquarelle à William Armstrong, et il regretta de ne pas trouver le nom de l'artiste auteur des quatre petites peintures à l'huile. Dans une courte lettre au rédacteur en chef datée du 27 septembre, Henry Hind corrigea cette erreur et fit savoir à tous que les tableaux étaient l'œuvre de William Hind. Il déclara qu'ils faisaient partie d'une série de quatre-vingt-dix images réalisées l'été précédent par son frère alors qu'ils exploraient la Moisie. Et Henry d'ajouter: «M. William Hind est maintenant en route vers la Colombie-Britannique, dans le but d'y faire des croquis des cols traversant les Rocheuses[67].» Il est tout à fait raisonnable de présumer que Henry et William avaient la ferme intention

newspapers and had a few of his watercolours of the North-West published as wood engravings in the June 4, 1870 issue of the *Illustrated London News*. He left Winnipeg for the Atlantic coast the following spring and joined Henry, then living and working in Nova Scotia. (See catalogue 11-16 for examples of William's paintings from this later period.)

We have evidence that shortly after 1872, William and Henry undertook the preparation for a third publishing venture, familiarly entitled *The Dominion of Canada*, with their old acquaintance, Montreal publisher John Lovell. Shortly after 1872, Lovell printed and distributed an elaborate four-page "Prospectus" that announced and described his scheme of publishing an ambitious, five-volume publication about Canada solely authored by Henry Hind.[68] Lovell introduced it by providing an intellectual biography of Henry and an elaborate list of contents of the various chapters. It even supplied the order form, as the whole would be sold in instalments only by subscription. He then added a telling note about the illustrations:

> The illustrations will consist of upwards of two hundred and twenty engravings on steel, chromoxylographs, woodcuts, etc., etc., and, except when otherwise mentioned, will be from the pencil of Mr. William Hind, who traversed the Continent via the Saskatchewan Valley and the Leather Pass in 1862.

> The London Saturday Review, in a lengthy critique on Mr. Hind's Explorations in the Interior of the Labrador Peninsula, says: "Its picturesque-ness is much increased by the obvious accuracy of the illustrations, made by Mr. William Hind, the draughtsman of the Expedition." - Jan. 30th, 1864.[69]

Lovell's emphatic 1872 reference to William going through the Leather Pass in 1862, corroborated Henry's

de réaliser un autre ouvrage illustré. Cela aurait très bien pu être le petit *Sketch of an Overland Route...* dont William ne se défaisait jamais. Dans ce guide, Henry Hind commence par une description précise de plusieurs des cols permettant de franchir les Rocheuses. Le carnet aurait très bien pu servir à son frère de modèle pour une deuxième édition où il aurait simplement intégré les illustrations des cols. Mais aucun ouvrage de ce genre ne fut jamais réalisé.

Peu après le départ de William, Henry Hind se lança dans un autre projet de publication «illustrée», ayant pour titre *Eighty Year's Progress of British North America* et qui fut publiée en 1863 par Stebbins à New York et Lovell à Toronto. Cette fois, Henry Hind partagea la vedette avec quatre autres rédacteurs. Sa part consistait en plusieurs essais relativement brefs traitant de sujets tels que la géologie, l'agriculture, les sciences forestières, le Nord-Ouest et les édifices du Parlement. Le livre fut mis à jour sur une base régulière et connut plusieurs réimpressions. En 1869, on en était à la quatrième, dont le titre constituait le couronnement du projet: *The Dominion of Canada*.

William Hind quitta Victoria en 1870 pour regagner l'Est par voie terrestre. Il passa un hiver productif à Winnipeg. Là, probablement par l'intermédiaire de son frère Henry, ses activités gravitèrent autour de la presse illustrée et il vit quelques-unes de ses aquarelles du Nord-Ouest publiées sous forme de gravures sur bois dans le numéro du 4 juin 1870 du *Illustrated London News*. Le printemps suivant, il partit de Winnipeg pour se rendre sur la côte Atlantique où il rejoignit son frère, qui vivait et travaillait à ce moment-là en Nouvelle-Écosse. (Voir nos 11 à 16 du catalogue pour des exemples des tableaux de William Hind réalisés à cette époque.)

Nous avons la preuve que, peu après 1872, avec l'éditeur montréalais John Lovell qu'ils connaissaient depuis longtemps, les deux frères se lancèrent dans les préparatifs d'un troisième projet d'édition, au titre maintenant familier, *The Dominion of Canada*. Peu après 1872, Lovell imprima et diffusa un «Prospectus» détaillé de quatre pages qui annonçait et décrivait son plan ambitieux visant à publier une édition en cinq volumes sur le Canada, avec Henry Hind pour unique auteur[68].

defensive statement in the *Globe* of that year, that William was indeed *"on his road to British Columbia for the purpose of sketching the passes through the Rocky Mountains."* Without a doubt, William was in the North-West filling his portfolio with illustrations for possible future publications. William was now being asked to illustrate the whole Dominion as it was then constituted. The choice was obvious, for he was at that time the first Canadian artist who "had traversed the Continent" and had painted views of every part of the land, from sea to sea, and the business of life in every province. Today he remains the first "Canadian" artist that each province could simultaneously claim as their own.[70] Although the Hind brothers' ambitious project was sadly never realised, its far-reaching concept remains consistent with their ideals of teaching Canadians through the pictorial press, as well earning their own livelihood.

It is essential to remember, as we look at the brilliant images that William produced when he journeyed over the Prairies, through the Rocky Mountains, and while living in Victoria and Winnipeg, that they were not created only for immediate sale. They were also potential illustrations for the future publishing schemes that he would help his brother realise. The images that filled his sketchbooks were the raw material that he could process into polished illustrations, which, more than a century later, still teach us to see and cherish the relentless beauty of the Canadian West. ∎

Lovell présentait le projet en brossant le portrait intellectuel de Henry et en donnant une liste détaillée du contenu des divers chapitres. Le bon de commande était même inclus, la vente devant se faire par souscription, et Lovell précisait au sujet des images:

Les illustrations consisteront en un minimum de deux cent vingts gravures sur acier, de bois polychromes, de bois de fil, etc., et sauf mention contraire seront de la main de M. William Hind, qui a traversé le Continent en remontant la vallée de la Saskatchewan et en franchissant le col Leather en 1862.

Dans une longue critique sur l'ouvrage de M. Hind, *Explorations in the Interior of the Labrador Peninsula*, le *Saturday Review* de Londres déclarait: «Son caractère pittoresque doit beaucoup à la grande précision des images réalisées par M. William Hind, le dessinateur de l'expédition.» - 30 janvier 1864[69].

Lovell soulignait en 1872 que William Hind avait franchi le col Leather dix ans plus tôt, ce qui corrobore le rectificatif de Henry paru dans le *Globe* de cette année-là, à l'effet que son frère était bien «en route vers la Colombie-Britannique dans le but d'y faire des croquis des cols traversant les Rocheuses». Sans l'ombre d'un doute, William Hind était dans le Nord-Ouest occupé à remplir son carton à dessin d'illustrations destinées à être éventuellement publiées. Et maintenant, on lui demandait d'illustrer l'ensemble du Dominion tel qu'il était constitué à l'époque. Le choix était clair, vu qu'il était à ce moment-là le premier artiste canadien ayant à son actif «la traversée du Continent» et la création d'images couvrant l'ensemble du pays, d'un océan à l'autre, ainsi que la vie quotidienne dans chaque région. Il demeure aujourd'hui le premier artiste «canadien» dont toutes les provinces pourraient se réclamer en même temps[70]. S'il est regrettable que l'ambitieux projet des frères Hind ne fût jamais réalisé, l'envergure même du concept reste en harmonie avec leur idéal qui, tout en

NOTES

1. J. Russell Harper, *William G.R. Hind: A Confederation Painter in Canada*, Windsor: Willistead Art Gallery, 1967 and *William G.R. Hind*, Ottawa: National Gallery of Canada, 1976. Catharine M. Mastin, *William G.R. Hind: The Pictou Sketchbook*, Windsor: Art Gallery of Windsor, 1990.

2. Libraries at local Mechanics Institutes carried a wide variety of such books, and of illustrated newspapers and journals. Emigration agents and others gave public lectures.

3. Archives of Ontario (AO), Department of Education (Dept. of Educ.) RG2-12, Container 11, File: Nov. 1-10, 1851; and Minutes of the Board of Education, RG2-3-1-1, p. 207, item 6. A Normal School or Teacher's College is where teachers-in-training are instructed in the principles of education. A Model School is an adjoining public school where teachers-in-training practise communicating knowledge to pupils.

4. AO, Dept. of Educ., RG2-12, Container 11, File: Nov. 1-10, 1851. Minutes of the Board of Education, RG2-3-1-1, p. 207, item 7.

5. Carol A. Jones, *A History of Nottingham School of Design*, Nottingham: The Nottingham Trent University, 1993.

6. Ann Bermingham, *Learning to Draw*, Yale University Press, 2000: Introduction and Ch. 6.

7. Mason Jackson, *The Pictorial Press, Its Origin and Progress*, London: Hurst and Blackett, 1885. Reprinted by Gale Research Company, Book Tower, Detroit, 1968.

8. *Journal of Education:* Oct. 1852, p. 155; Feb. 1854, p. 30; Nov. 1860, p. 176. More than 30 different drawing books were available to teachers from the Book Depository of the Department of Education of Upper Canada.

9. *Journal of Education*, April 1852, p. 60.

10. W. L. Morton, *Henry Youle Hind 1823-1908*, Toronto: University of Toronto Press, c. 1980, Ch. 1.

11. *Ibid.*

12. For information on the early years of the Normal and Model Schools see: *Annual Reports of the Normal, Model and Common Schools in Upper Canada*, 1848-1867. *The Journal of Education for Upper Canada*, 1848-1868. George Hodgins, *Documentary History of Education in Upper Canada*, 27 Volumes. William Hind is mentioned in several instances in

constituant leur gagne-pain, était d'apprendre aux gens du Canada à connaître leur pays par le biais de la presse illustrée.

Lorsqu'on regarde les images limpides que William Hind réalisa durant sa longue traversée des Prairies, le passage par les Rocheuses et son séjour à Victoria et à Winnipeg, il est essentiel de se rappeler que ces images n'étaient pas seulement créées pour être vendues dans l'immédiat, mais qu'elles allaient aussi peut-être servir à illustrer des ouvrages que William Hind devait aider son frère à publier. Les images dont regorgent ses carnets de croquis étaient la matière première qu'il pouvait transformer en illustrations achevées, grâce auxquelles, un siècle plus tard, nous pouvons contempler et chérir l'inépuisable beauté de l'Ouest canadien. ∎

NOTES

1. J. Russell Harper, *William G.R. Hind: A Confederation Painter in Canada*, Windsor, Willistead Art Gallery, 1967, et *William G.R. Hind*, Ottawa, Musée des beaux-arts du Canada, 1976. Catharine M. Mastin, *William G.R. Hind: le Carnet Pictou*, Windsor, Art Gallery of Windsor, 1990.

2. Les bibliothèques des Instituts techniques régionaux offraient toute une gamme d'ouvrages de ce genre ainsi que de journaux illustrés et de revues. Les agents d'émigration, entre autres, donnaient des conférences publiques.

3. Archives de l'Ontario (AO), ministère de l'Éducation (min. de l'Éduc.), RG2-12, contenant 11, dossier 1er-10 nov. 1851; et procès-verbal du Conseil de l'Éducation, RG2-3-1-1, p. 207, point 6. Une école normale est une école où les élèves maîtres reçoivent une formation sur les principes d'enseignement. Une école modèle est une école publique annexe où les élèves maîtres s'exercent à communiquer les connaissances aux élèves.

4. AO, min. de l'Éduc., RG2-12, contenant 11, dossier 1er-10 nov. 1851. Procès-verbal du Conseil de l'Éducation, RG2-3-1-1, p. 207, point 7.

5. Carol A. Jones, *A History of Nottingham School of Design*, Nottingham, The Nottingham Trent University, 1993.

6. Ann Bermingham, *Learning to Draw*, Yale University Press, 2000, Introduction et ch. 6.

7. Mason Jackson, *The Pictorial Press, Its Origin and Progress*, Londres, Hurst

all three sources. It should also be noted that William Hind's name entered the annals of history for the first time in J. George Hodgin's: *Documentary History of Education...*, 1902. Vol. IX: 1850 - 51, p. 245.

13. *Documentary History of Education in Upper Canada*, Vol. VI: 1846, pp 142-193. *Report on a System of Public Elementary Instruction for Upper Canada.*

14. National Archives of Canada (NA), RG5, C1, Vol. 631, file-1344. microfilm (mfl.) H-2468. Ryerson had proposed creating the School of Art and Design as part of the new Engineering Department of the University of Toronto, but the Government rejected the idea.

15. *Journal of Education*, 1849, March, pp 38-41.

16. *Documentary History of Education...*, Vol. VII: 1847-48, ch. XI, pp 101-102. Since 1847, before William Hind arrived, drawing was taught in the Normal School by Head Master Thomas Jaffray Robertson: "Three days in a week, from 11 to 12 o'clock, on Linear Drawing."

17. AO, Dept. of Educ., RG2-12, Container 11, File: Jan.1-10, 1852, letter from W. Hind to Ryerson, January 7, 1852.

18. AO, Dept. of Educ., RG2-12, Container 11, File: April.11-20, 1852, letter from W. Hind to Ryerson, April 13, 1852.

19. This photographic portrait (carte-de-visite) is from a private collection.

20. The lens of the eye loses flexibility, making it difficult to focus on close objects. See the glasses distort the edge of the face in the McCord Museum self-portrait. Note from Dr. J. Martineau, Ottawa.

21. *Journal of Education*, 1852, April, p. 60.

22. AO, Dept. of Educ., Minutes of the Board of Education, RG2-3-1-1, p. 259. For all financial accounts of William Hind's pay, see Minutes of the Board: p. 305 #652, p. 306 #695, p. 307 #709, p. 308 #748, pp 322, 374, 383, 390, 418, 419, 420, 435, 436.

23. *Annual Report of the Normal and Model Schools of Upper Canada*, 1852, Appendix F, pp 217-232.

24. *Journal of Education*, 1853, April, p. 53. Linear Drawing uses outline without tone, such as in writing, calligraphy, geometry, pattern, design, surveying, outline, ornamental, mechanical, perspective, and architectural drawing.

25. *Journal of Education*, "Recent Appointments in the Normal And Model Schools for Upper Canada," April, 1853, p. 56. William Hind's appointment as an Officer is publicly confirmed and announced. *The Journal* was widely distributed across the province.

and Blackett, 1885. Réédité par Gale Research Company, Book Tower, Detroit, 1968.

8. *Journal of Education*, oct. 1852, p. 155; fév. 1854, p. 30; nov. 1860, p. 176. Plus de trente livres de dessin différents étaient à la disposition des professeurs au dépôt de livres du ministère de l'Éducation du Haut-Canada.

9. *Journal of Education*, avril 1852, p. 60.

10. W. L. Morton, *Henry Youle Hind 1823-1908*, Toronto, University of Toronto Press, v. 1980, ch. 1.

11. *Ibid.*

12. Pour plus d'information sur les débuts des écoles normale et modèle, voir *Rapports annuels des écoles normale, modèle et élémentaires dans le Haut-Canada, 1848-1867. The Journal of Education for Upper Canada, 1848-1868.* George Hodgins, *Documentary History of Education in Upper Canada*, 27 vol. Le nom de William Hind revient à diverses reprises dans ces trois références. Il faut également noter que son nom figure pour la première fois dans les annales de l'histoire dans l'ouvrage de J. George Hodgins, *Documentary History of Education...*, 1902, vol. IX, 1850-1851, p. 245.

13. *Documentary History of Education in Upper Canada*, vol. VI, 1846, pp. 142-193. *Report on a System of Public Elementary Instruction for Upper Canada.*

14. Archives nationales du Canada (AN), RG5, C1, vol. 631, dossier-1344, microfilm H-2468. Ryerson avait proposé de créer l'école d'art et de design dans le cadre du nouveau département de Génie de l'université de Toronto, mais le gouvernement rejeta l'idée.

15. *Journal of Education*, 1849, mars, pp. 38-41.

16. *Documentary History of Education...*, vol. VII, 1847-1848, ch. XI, pp. 101-102. Depuis 1847, avant l'arrivée de William Hind, le dessin était enseigné à l'école normale par le directeur, Thomas Jaffray Robertson: «Trois jours par semaine, de 11 heures à midi, sur le dessin linéaire.»

17. AO, ministère de l'Éduc., RG2-12, contenant 11, dossier 1er-10 janvier 1852, lettre de W. Hind à Ryerson, 7 janvier 1852.

18. AO, ministère de l'Éduc., RG2-12, contenant 11, dossier 11-20 avril 1852, lettre de W. Hind à Ryerson, 13 avril 1852

19. Ce portrait photographique (carte de visite) se trouve dans une collection privée.

20. Le cristallin perd de sa souplesse, ce qui rend difficile de distinguer nettement les objets rapprochés. Voir la distorsion du bord du visage provoquée par les lunettes dans l'autoportrait du musée McCord. Note du Dr J. Martineau (Ottawa).

26. *Canadian Almanac*, 1852-1857.

27. *Globe* [Toronto] 1856, Dec. 13. It was widely sold and was also intended for distribution abroad.

28. *Brown's Toronto Directory*, 1856, pp 92, 158. I am indebted to Stephen Otto for providing this information.

29. "Syllabus of Lectures in the Normal School for Upper Canada, Tenth Session, summer 1853," *Annual Report of the Normal And Model Schools of Upper Canada*, 1853, p. 113. AO, Dept. of Educ., RG2-12, file: Dec. 17-31, 1854, container 18. Summer session, 1853, Tues & Wed 6:30am - 7:30am. Winter session, 1854-55, Mon. 3:30pm - 4:30pm and Wed. 2:30pm - 3:30pm.

30. AO, Dept. of Educ., Minutes of the Council of Public Instruction, RG2-3-3, No.1- Jan. 18, 1852 - Dec. 6, 1853, (typed text) note of Jan. 22, 1853.

31. *The Canadian Journal*, 1852, October, pp 60-61.

32. *The Canadian Journal*, 1855, December, Vol. III, No. 17, pp 393, 403.

33. *The Canadian Journal*, 1855, July, Vol. III, No. 12, pp 273, 279.

34. AO, Dept. of Educ., Minutes of the Council of Public Instruction - RG2-3-1-1, 1857, March 31, p. 436. The records are incomplete and those of the internal dealings of the Normal School cannot be located and may be lost. Minutes... March 3, 1857, pp 430, 439 - It is interesting that the Council recommends paying up to 150 pounds to the next teacher of drawing and writing, John Bentley.

35. See Bibliography in Morton, pp 147-153.

36. *Report on the topographical and geological exploration of the canoe route between Fort William, Lake Superior, and Fort Garry, Red River; and also of the valley of the Red River, north of the 49th parallel, during the summer of 1857.* Toronto, 1858. Also published in the Appendices in the Sessional Papers and as a Government Blue Book. Published also by the British Government as: *Papers Relative to the exploration of the country between Lake Superior and the Red River Settlement*, London, 1859.

37. Many of Fleming's original field sketches and preparatory drawings are in the John Ross Robertson Collection at the Toronto Public Library. William Napier, the engineer on the same Expedition, was also an artist who took sketches now preserved in National Archives and the Royal Ontario Museum, but which Hind never used in his report.

38. NA, RG5, C-1, Vol. 579, file 761, mfl. H-2459. April 10, 1858. Henry's letter to Provincial Secretary lists the names of Dickenson, Fleming, Hime and their scientific credentials.

21. *Journal of Education*, 1852, avril, p. 60.

22. AO, minist. de l'Éduc., Procès-verbal du Conseil de l'Éducation, RG2-3-1-1, p. 259. Pour tous les comptes financiers concernant la paie de William Hind, voir les Procès-verbaux du Conseil: p. 305 n⁰ 672, p. 306 n⁰ 695, p. 307 n⁰ 709, p. 308 n⁰ 748, pp. 322, 374, 383, 390, 418, 419, 420, 435, 436.

23. *Rapports annuels des écoles normale, modèle et élémentaires dans le Haut-Canada*, 1852, Annexe F, pp. 217-232.

24. *Journal of Education*, 1853, avril, p. 53. Le dessin linéaire consiste en un tracé sans variation de ton et est utilisé pour: écriture, calligraphie, géométrie, motif, plans, levés, dessin graphique, ornemental, de perspective, d'architecture et dessin aux instruments.

25. *Journal of Education*, «Recent Appointments in the Normal And Model Schools for Upper Canada», avril 1853, p. 56. La nomination de William Hind comme employé est confirmée et annoncée en public. Cette revue était distribuée dans toute la province.

26. *Canadian Almanac*, 1852-1857.

27. *Globe* (Toronto), 13 déc. 1856. Il bénéficiait d'une large diffusion et il était question qu'on le distribue aussi à l'étranger.

28. *Brown's Toronto Directory*, 1856, pp. 92, 158. Je remercie Stephen Otto de m'avoir fourni ce renseignement.

29. «Syllabus of Lectures in the Normal School for Upper Canada, Tenth Session, summer 1853», *Rapports annuels des écoles normale, modèle et élémentaires dans le Haut-Canada*, 1853, p. 113. AO, minist. de l'Éduc., RG2-12, dossier 17-31, déc. 1854, contenant 18. Trimestre d'été, 1853, mardi et mercredi 6 h 30 à 7 h 30. Trimestre d'hiver, 1854-1855, lundi 15 h 30 à 16 h 30 et mercredi 14 h 30 à 15 h 30.

30. AO, minist. de l'Éduc., Procès-verbaux du Conseil de l'Instruction publique, RG2-3-3, n⁰ 1, 18 janv. 1852 au 6 déc. 1853 (texte dactylographié), note du 22 janvier 1853.

31. *The Canadian Journal*, octobre 1852, pp. 60-61.

32. *The Canadian Journal*, décembre 1855, vol. III, n⁰ 17, pp. 393-403.

33. *The Canadian Journal*, juillet 1855, vol. III, n⁰ 12, pp. 273-279.

34. AO, minist. de l'Éduc., Procès-verbal du Conseil de l'Instruction publique, RG2-3-1-1, 31 mars 1857, p. 436. Les dossiers sont incomplets et ceux des discussions internes de l'école normale sont introuvables et peut-être bien perdus. Procès-verbal... , 3 mars 1857, pp. 430, 439. Il est intéressant de noter la recommandation du Conseil, à l'effet que John Bentley, le professeur de dessin et d'écriture qui succéda à William Hind soit payé jusqu'à cent cinquante livres.

39. *Globe*, 1858. Announcements and articles about MacKay's visit and lectures at the Toronto Mechanics Institute and his departure are published on Jan. 22, Apr. 19, 20, 22, 23, 27, generally on page 2 of each issue.

40. See also NA, RG5, C-1, Vol. 579, file-1718 of 1858 (file-902), mfl. H-2459. Henry's letter of April 23, 1858, requesting permission to publish information from the Expeditions.

41. *North-West Territory: Reports of progress; together with a preliminary and general report on the Assiniboine and Saskatchewan exploring expedition, made under instructions from the Provincial Secretary, Canada. Toronto, 1859.* Also published by the British Government as: *British North America Reports of a Progress,....* London, 1859.

42. Richard J. Huyda, *H. L. Hime, Photographer*, Toronto, Coach House Press, 1975. Provides an excellent summary of the 1858 Expedition.

43. NA, RG5, C-1, Vol. 621, file: 879, mfl. H-2466 #169173-179. Letter from Henry Hind to Prov. Sec., May 27, 1859.

44. NA, RG-5, C-1, Vol.707, file: 501-564 of 1862 (see file 1258), mfl. H-2482 #191943-948. Letter and accounts from Henry Hind to Prov. Sec., August 17, 1859.

45. NA, RG5, C-1, Vol. 629, file: 1252, mfl. H-2468 #171394-99. Letter from Henry Hind to Prov. Sec., August 16, 1859, describing completion of Report and submits "a few specimens of" the 20 watercolours by William Hind and of the 33 photographs by H. L. Hime, expressing his intention of exhibiting them at Kingston Provincial Exhibition.

46. *Globe*, Sept. 16, 1859, p. 2. Note that the watercolours were misattributed to Henry.

47. *Weekly British Whig* [Kingston] 1859, Sept. 15, p. 2, and Sept. 30, p. 2.

48. *Montreal Gazette*, Oct. 3, 1859, p. 2.

49. *The Hamilton Spectator*, Sept. 1860.

50. NA, RG5, C-1, Vol. 655, file 691-740 of 1860 (see file 699), mfl. H-2473. Letter from H.Y. Hind, Toronto, May 7, 1860.

51. *Narrative of the Canadian Red River Exploring Expedition of 1857 and of the Assinniboine* (sic) *and Saskatchewan Exploring Expedition of 1858*, Vol. I and II, London: Longman, Green, Longman and Roberts, 1860.

52. William's paintings were not used, possibly because he had not yet been to the North-West and they would diminish the authenticity of the account.

35. Voir la bibliographie dans Morton, pp. 147-153.

36. *Report on the topographical and geological exploration of the canoe route between Fort William, Lake Superior, and Fort Garry, Red River; and also of the valley of the Red River, north of the 49th parallel, during the summer of 1857,* Toronto, 1858. Également publié dans les Annexes des documents du Parlement et comme Livre bleu du gouvernement. Aussi publié par le gouvernement britannique sous le titre: *Papers Relative to the exploration of the country between Lake Superior and the Red River Settlement*, Londres, 1859.

37. Un grand nombre des esquisses à main levée et des dessins préparatoires de Fleming se trouvent dans la collection John Ross Robertson à la Toronto Public Library. William Napier, l'ingénieur qui faisait partie de cette même expédition, était également un artiste qui réalisa des esquisses conservées aujourd'hui dans les Archives nationales et au Musée royal de l'Ontario, mais que Hind n'utilisa jamais dans son rapport.

38. AN, RG5, C-1, vol. 579, dossier 761, microfilm H-2459, 10 avril 1858. La lettre de Henry au Secrétaire provincial donne les noms de Dickenson, Fleming, Hime ainsi que leurs titres de compétences scientifiques.

39. *Globe*, 1858. Les annonces et les articles sur la visite et les conférences de MacKay au Mechanics Institute de Toronto ainsi que son départ sont publiés dans l'édition du 22 janvier et celles du 19, 20, 22, 23 et 27 avril, le plus souvent en page 2.

40. Voir aussi AN, RG5, C-1, vol. 579, dossier-1718 de 1858 (dossier-902), microfilm H-2459; la lettre de Henry du 23 avril 1858, dans laquelle il demande l'autorisation de publier des informations sur les expéditions.

41. *North-West Territory: Reports of progress; together with a preliminary and general report on the Assiniboine and Saskatchewan exploring expedition, made under instructions from the Provincial Secretary, Canada*, Toronto, 1859. Aussi publié par le gouvernement britannique sous le titre: *British North America Reports of a Progress, ...*, Londres, 1859.

42. Richard J. Huyda, *H. L. Hime, Photographer*, Toronto, Coach House Press, 1975. Offre un excellent résumé de l'expédition de 1858.

43. AN, RG5, C-1, vol. 621, dossier 879, microfilm H-2466, no 169173-179. Lettre de Henry Hind au Secr. prov., 27 mai 1859.

44. AN, RG5, C-1, vol. 707, dossier 501-564 de 1862 (voir dossier 1258), microfilm H-2482, no 191943-948. Lettre et comptes de Henry Hind au Secr. prov., 17 août 1859.

45. AN, RG5, C-1, vol. 629, dossier 1252, microfilm H-2468, no 171394-99. Lettre de Henry Hind au Secr. prov., 16 août 1859, décrivant l'achèvement du rapport où étaient soumis «quelques échantillons» des vingt aquarelles réalisées par William Hind et des trente-trois photographies prises par H. L. Hime, exprimant son intention de les exposer à la Foire provinciale de Kingston.

53. Henry Youle Hind, *Explorations in the Interior of the Labrador Peninsula, the Country of the Montagnais and Nasquapee Indians*, 2 Vols. London, 1863, p. 2.

54. *Journal of Education*, 1861, August, p. 118.

55. *Globe*, Sept. 30, 1862, p. 2. In a notice, Henry states that the total number of works on Labrador exceeded 90.

56. Mary Jo Hughes, *Science, Ruskin and Illustration: The Development of William Hind's Vision of Nature in his Labrador Works of 1861-1862*, M.A. Thesis, Queen's University, September 1990. Hughes provides an insightful assessment of William Hind, not only as an "illustrator" whose work is based on his powers of observation of the natural world, but also as an "illustrator" whose work is equally based on creative invention of imaginary worlds.

57. *The Saturday Review*, London, January 30, 1864, Vol.17, pp 140, 141.

58. *Globe*, May 24 and July 17, 1858, p. 2. These are the first articles to appear about the discovery of gold on the Fraser River.

59. NA, RG5, C-1, Vol. 578, File: 1718 of 1858 (see file-175), mfl. H-2459 #158219 - 234. Letter of proposal from H.Y. Hind, Feb. 2, 1859.

60. Henry Youle Hind, *A Sketch of an Overland Route to British Columbia, Toronto*: W. C. Chewett & Co., 1862. Henry likely knew of a similar booklet by Captain R. B. Marcy, *The Prairie Traveler: A Handbook For Overland Expeditions*, Harper & Brothers, New York and Maclear & Co. Toronto, 1859. Globe, March 22, 1862, p. 1: Notice of Henry's forthcoming publication. *Nor'Wester*, May 28, 1862: Article on H.Y. Hind's guide. Same page: William Hind's name is listed among the passengers who arrived at Fort Garry on the steamer *International* on May 26. William probably delivered Henry's article to the Nor'Wester.

61. Elizabeth M. Spry, ed., *The Papers of the Palliser Expedition, 1857-1860*, Toronto: The Champlain Society, 1968.

62. *Globe*, March 24, 1862, pp 1-2; March 25, p. 2; March 29, p. 2. Notices and articles about the Toronto Redgrave party of Overlanders. *Globe*, April 3, 1862, p. 2. Notice of the final meeting of the Redgrave Party with whom William joins up.

63. *Overlanders '62 Sketchbook*. National Archives of Canada, accession number 1963-97.

64. In 1990, the Windsor Art Gallery tried to resuscitate, in facsimile only, its dismembered *Pictou Sketchbook*.

65. Gilbert L. Gignac, *A Methodology for the Study of Sketchbooks and a*

46. *Globe*, 16 septembre 1859, p. 2. Il est à noter que les aquarelles ont été attribuées par erreur à Henry.

47. *Weekly British Whig* [Kingston], 15 sept.1859, p. 2, et 30 sept., p. 2.

48. *Montreal Gazette*, 3 octobre 1859, p. 2.

49. *The Hamilton Spectator*, sept. 1860.

50. AN, RG5, C-1, vol. 655, dossier 691-740 de 1860 (voir dossier 699), microfilm H-2473. Lettre de H. Y. Hind, Toronto, 7 mai 1860.

51. *Narrative of the Canadian Red River Exploring Expedition of 1857 and of the Assinniboine* [sic] *and Saskatchewan Exploring Expedition of 1858*, vol. I et II, Londres, Longman, Green, Longman and Roberts, 1860.

52. La raison en est peut-être que, l'artiste n'étant pas encore lui-même allé dans le Nord-Ouest, leur inclusion aurait pu diminuer l'authenticité du récit.

53. Henry Youle Hind, *Explorations in the Interior of the Labrador Peninsula, the Country of the Montagnais and Nasquapee Indians*, 2 tomes, Londres, 1863, p. 2.

54. *Journal of Education*, août 1861, p. 118.

55. *Globe*, 30 sept. 1862, p. 2. Dans une annonce, Henry déclare que le nombre total d'œuvres sur le Labrador dépassait les quatre-vingt-dix.

56. Mary Jo Hughes, *Science, Ruskin and Illustration: The Development of William Hind's Vision of Nature in his Labrador Works of 1861-1862*, mémoire de maîtrise, Queen's University, septembre 1990. Hughes porte un jugement très perspicace sur William Hind, qu'elle voit non seulement comme un «illustrateur» dont l'œuvre repose sur des capacités d'observation du monde naturel, mais aussi comme un «illustrateur» dont l'œuvre puise tout autant à une évocation personnelle de mondes imaginaires.

57. *The Saturday Review*, Londres, 30 janvier 1864, vol. 17, pp. 140, 141.

58. *Globe*, 24 mai et 17 juillet 1858, p. 2. Ce sont là les premiers articles à paraître au sujet de la découverte d'or sur les rives du Fraser.

59. AN, RG5, C-1, vol. 578, dossier 1718 de 1858 (voir dossier 175), microfilm H-2459, n° 158219-234. Proposition écrite de H. Y. Hind, 2 fév. 1859.

60. Henry Youle Hind, *A Sketch of an Overland Route to British Columbia*, Toronto, W. C. Chewett & Co., 1862. Il est probable que Henry connaissait un livret similaire écrit par le capitaine R. B. Marcy, *The Prairie Traveler: A Handbook For Overland Expeditions*, Harper & Brothers, New York, et Maclear & Co., Toronto, 1859. Globe, 22 mars 1862, p. 1: annonce de la parution prochaine de l'ouvrage de Henry. *Nor'Wester*, 28 mai 1862: article sur le guide

Case Study of Two Nineteenth- Century Canadian Examples, (Henry Warre and William Hind), M.A. Thesis, Concordia University, Montreal, 1992. This study of drawing focuses on the sketchbook as object and artist material and includes an analysis of the graphic "sketching" style of the drawings.

66. See also Marnie Fleming, *Not to Seek Gold But to Paint: The British Columbian Views of William G.R. Hind*, M.A. Thesis, University of British Columbia, Vancouver, 1980.

67. *Globe*, Sept. 30, 1862, p. 2. I am grateful to Stephen Otto of Toronto for bringing this pertinent and essential information to my attention.

68. John Lovell, *PROSPECTUS: The Dominion of Canada, Comprehending A General Description of the Confederated Provinces of British North America, and the North-West Territories by Henry Youle Hind, M.A.*, Montreal, after 1872. Copies found in the Henry Youle Hind papers in John Ross Robertson Collection of the Toronto Public Library and also in the William Hind artist file at the McCord Museum.

69. Lovell is referring to *The Saturday Review*, London, January 30, 1864, pp 140-141.

70. Harper remained unaware of Lovell's *PROSPECTUS: The Dominion of Canada*. Yet, it is a fitting tribute to Harper's pioneering endeavours in Canadian art history that we can now substantiate his remarkable deductive and intuitive grasp of William Hind as a truly "Confederation painter."

de H. Y. Hind. Même page: le nom de William Hind figure parmi les passagers qui arrivèrent à Fort Garry le 26 mai sur le vapeur *International*. William livra probablement l'article de son frère au *Nor'Wester*.

61. Elizabeth M. Spry, éd., *The Papers of the Palliser Expedition, 1857-1860*, Toronto, The Champlain Society, 1868.

62. *Globe*, 24 mars 1862, pp. 1-2; 25 mars, p. 2; 29 mars, p. 2. Annonces et articles concernant le groupe de Redgrave des voyageurs par voie terrestre originaires de Toronto. *Globe*, 3 avril 1862, p. 2. Annonce de la dernière réunion du groupe de Redgrave auquel se joignit William Hind.

63. *Overlanders '62 Sketchbook*, AN, numéro d'entrée 1963-97.

64. En 1990, la Windsor Art Gallery essaya de faire revivre, en fac-similé seulement, son *Carnet Pictou* dont la reliure était tout abîmée.

65. Gilbert L. Gignac, *A Methodology for the Study of Sketchbooks and a Case Study of Two Nineteenth-Century Canadian Examples*, [Henry Warre et William Hind], mémoire de maîtrise, Université Concordia, Montréal, 1992. Cette étude du dessin porte sur le carnet de croquis en tant qu'objet et matériel d'artiste, et elle comprend une analyse du style graphique des dessins réalisés à la manière d'«esquisses».

66. Voir aussi Marnie Fleming, *Not to Seek Gold But to Paint: The British Columbian Views of William G.R. Hind*, mémoire de maîtrise, University of British Columbia, Vancouver, 1980.

67. *Globe*, 30 septembre 1862, p. 2. Je remercie Stephen Otto de Toronto d'avoir attiré mon attention sur ce détail pertinent et essentiel.

68. John Lovell, *PROSPECTUS: The Dominion of Canada, Comprehending A General Description of the Confederated Provinces of British North America, and the North-West Territories by Henry Youle Hind, M.A.*, Montréal, après 1872. Des copies se trouvent dans les papiers de Henry Youle Hind, dans la collection John Ross Robertson de la Toronto Public Library, de même que dans le dossier de l'artiste William Hind au Musée McCord.

69. Lovell fait référence au *Saturday Review*, Londres, 30 janvier 1864, pp. 140-141.

70. Harper n'eut jamais connaissance du fameux *PROSPECTUS: The Dominion of Canada* de Lovell. Et pourtant, la confirmation actuelle de son jugement remarquable, déductif comme intuitif, qui lui faisait voir en William Hind un véritable «peintre de la Confédération» constitue un très juste hommage à son travail de pionnier dans l'histoire de l'art canadien.

The Overlander Trek, 1862

CATALOGUE 17–36

We had a jolly time coming over the Plains, but when we approached the Rocky Mountains difficulties began to appear in the way of large swamps pine and bog swamps, and small lakes of water through which we had to lead our oxen, packing is not such easy work as driving a cart… Down the Fraser was the worst part of the journey, as it is full of rapids and caverns etc. living on dried ox meat alone during the time…

> W.G.R. Hind, Victoria, to Henry Youle Hind,
> January 31, 186[4]

Le voyage des Overlanders (1862)

N°s 17–36 DU CATALOGUE

… On a eu sacrément du plaisir à traverser les Plaines, mais quand on s'est rapprochés des Rocheuses, les difficultés ont commencé à surgir sous la forme de grands marécages, de marais de pins et de tourbières, et de petits lacs qu'on devait traverser en guidant nos bœufs – pas aussi facile avec des animaux bâtés qu'avec des charrettes. … La descente du Fraser a été le pire du voyage, avec les nombreux rapides, et les parois caverneuses, etc.; on a survécu en mangeant du bœuf séché durant tout ce temps-là…

> (W.G.R. Hind, Victoria, à Henry Houle Hind,
> 31 janvier 186[4])

17. OVERLANDERS OF '62 SKETCHBOOK, 1862
CARNET DE CROQUIS OVERLANDERS DE 62, 1862

17. Overlanders of '62 sketchbook, 1862
Carnet de croquis Overlanders de 62, 1862

On the Start - from Fort Garry -

17. Overlanders of '62 sketchbook, 1862
Carnet de croquis Overlanders de 62, 1862

17. Overlanders of '62 sketchbook, 1862
Carnet de croquis Overlanders de 62, 1862

17. Overlanders of '62 sketchbook, 1862
Carnet de croquis Overlanders de 62, 1862

Crossing the Assiniboine ... from the East Side

17. OVERLANDERS OF '62 SKETCHBOOK, 1862
CARNET DE CROQUIS OVERLANDERS DE 62, 1862

17. OVERLANDERS OF '62 SKETCHBOOK, 1862
CARNET DE CROQUIS OVERLANDERS DE 62, 1862

17. Overlanders of '62 sketchbook, 1862
Carnet de croquis Overlanders de 62, 1862

17. Overlanders of '62 sketchbook, 1862
Carnet de croquis Overlanders de 62, 1862

17. Overlanders of '62 sketchbook, 1862
Carnet de croquis Overlanders de 62, 1862

17. Overlanders of '62 sketchbook, 1862
Carnet de croquis Overlanders de 62, 1862

17. OVERLANDERS OF '62 SKETCHBOOK, 1862
CARNET DE CROQUIS OVERLANDERS DE 62, 1862

18. Indians on the Prairie, c. 1862-1870
Indiens dans la Prairie, v. 1862-1870

17. Overlanders of '62 sketchbook, 1862
Carnet de croquis Overlanders de 62, 1862

Elbow of Saskatchewan. North. Branch.

Cree asleep Camp

17. OVERLANDERS OF '62 SKETCHBOOK, 1862
CARNET DE CROQUIS OVERLANDERS DE 62, 1862

Crossing the Saskatchewan by boat — July 14 1862   South Branch

17. Overlanders of '62 sketchbook, 1862
Carnet de croquis Overlanders de 62, 1862

19. CROSSING THE BATTLE RIVER, NORTH WESTERN PRAIRIE SASKATCHEWAN DISTRICT, 1860s
TRAVERSÉE DE LA RIVIÈRE BATTLE, PRAIRIE DU NORD-OUEST – DISTRICT DE LA SASKATCHEWAN, ANNÉES 1860

20. Buffalo Herd, South Saskatchewan River near Elbow, Saskatchewan, c. 1860s
Troupeau de bisons, rivière Saskatchewan-Sud près d'un coude, Saskatchewan, v. années 1860

21. NORTH WESTERN PRAIRIE WITH BUFFALO NO. 7, 1862
PRAIRIE DU NORD-OUEST AVEC BISONS N° 7, 1862

22. Buffalo Magnified by Mirage, 1860s
Bisons grossis par un mirage, années 1860

23. BUFFALO ON THE PRAIRIE, C. 1862-1870
BISONS DANS LA PRAIRIE, V. 1862-1870

24. HUNTING BUFFALO, C. 1862-1870
CHASSE AU BISON, V. 1862-1870

88

17. Overlanders of '62 sketchbook, 1862
Carnet de croquis Overlanders de 62, 1862

25. William Hind Meeting a Buffalo, 1860s
William Hind face à un bison, années 1860

17. Overlanders of '62 sketchbook, 1862
Carnet de croquis Overlanders de 62, 1862

26. Camping on the Prairie, c. 1862-1870
Campement dans la Prairie, v. 1862-1870

17. OVERLANDERS OF '62 SKETCHBOOK, 1862
CARNET DE CROQUIS OVERLANDERS DE 62, 1862

17. Overlanders of '62 sketchbook, 1862
Carnet de croquis Overlanders de 62, 1862

17. Overlanders of '62 sketchbook, 1862
Carnet de croquis Overlanders de 62, 1862

27. Grouse Shooting near the Rocky Mountains, c. 1862-1870

Chasse à la perdrix près des montagnes Rocheuses, v. 1862-1870

17. Overlanders of '62 sketchbook, 1862
Carnet de croquis Overlanders de 62, 1862

28. CROSSING SWAMPS NEAR HEAD WATER, NORTH SASKATCHEWAN, 1860s
TRAVERSÉE DE MARÉCAGES PRÈS DE HEAD WATER, SASKATCHEWAN DU NORD, ANNÉES 1860

17. Overlanders of '62 sketchbook, 1862
Carnet de croquis Overlanders de 62, 1862

through the woods and Bogs

17. Overlanders of '62 sketchbook, 1862
Carnet de croquis Overlanders de 62, 1862

29. RIVER, NORTH SASKATCHEWAN, 1860S
    RIVIÈRE, SASKATCHEWAN-NORD, ANNÉES 1860

17. Overlanders of '62 sketchbook, 1862
Carnet de croquis Overlanders de 62, 1862

30. Pack Ox in the Mountains, c. 1862-1870
Bœuf de bât dans les montagnes, v. 1862-1870

104

17. Overlanders of '62 sketchbook, 1862
Carnet de croquis Overlanders de 62, 1862

31. Foot of Rocky Mountains, 1860s
Au pied des montagnes Rocheuses, vers 1860

32. JASPER HOUSE, C. 1862-1870
JASPER HOUSE, V. 1862-1870

33. Pack Horse, Athabaska River, Rocky Mountains, 1860s
Cheval de bât, rivière Athabasca, montagnes Rocheuses, années 1860

34. Pine Forest, British Columbia, 1860s
Forêt de pins, Colombie-Britannique, années 1860

35. Pine Forest, B.C., 1860s
Forêt de pins, C.-B., années 1860

36. Athabaska Pass, Mount Murchison, "Showing limits of forest," 1860s
Col Athabaska, mont Murchison, «On voit les limites de la forêt», années 1860

Hindsight –
William Hind's Vision
of the Canadian West

L'Ouest
canadien vu et dépeint
par William Hind

WILLIAM HIND SPENT EIGHT YEARS IN THE Canadian West producing some of the most appealing images of the region as it stood on the precipice of joining the new country of Canada. Analysis of this body of work in the context of the new information brought to light by Gilbert Gignac in his essay *New Resonance from William Hind*, allows us to better grasp Hind's artistic aspirations and his reasons for being in the West. This, in turn, helps us formulate an understanding of Hind's particular artistic approach and begin to determine a context for his work within Canadian art history.

Gignac's discovery of the prospectus for *The Dominion of Canada*, which announces a series of articles written by Henry Youle Hind and illustrated by William, is truly significant.[1] He suggests that the Prospectus may indicate that William departed for the West with at least the seed of an idea for further publishing collaborations with his brother, who at that time was a great proponent of Western expansionism. The brothers' connection to these interests, and to popular illustration as a means of expressing such interests, may help us make sense of William's particular vision of the West. I suggest that the primary forces working upon Hind's artistic output of

WILLIAM HIND PASSA HUIT ANS DANS L'OUEST canadien à réaliser des images qui comptent parmi les plus belles que l'on connaisse de cette région, dont l'entrée dans ce nouveau pays du Canada était alors imminente. Une analyse de l'ensemble de ces œuvres dans le contexte des nouvelles données que nous révèle Gilbert Gignac dans son essai, *Au diapason de William Hind*, nous permet de mieux saisir les aspirations de l'artiste et les raisons de sa présence dans l'Ouest. Nous pouvons ainsi en arriver à mieux comprendre l'approche artistique qui le caractérise et commencer à envisager un contexte pour son œuvre au sein de l'histoire de l'art canadien.

La découverte par Gignac du prospectus pour *The Dominion of Canada*, qui faisait la promotion d'une série d'articles écrits par Henry Youle Hind et illustrés par son frère, est d'une importance capitale[1]. Selon Gignac, le *Prospectus* pourrait indiquer que William partit pour l'Ouest avec en tête l'amorce d'une idée pour d'autres projets d'édition en collaboration avec son frère, qui, à cette époque, était un fervent adepte de l'expansionnisme dans l'Ouest. Face à ces intérêts et à l'illustration populaire en tant que moyen de les exprimer, les deux frères entretenaient un lien qui peut nous aider à donner un sens à la vision particulière que William avait de

113

these years are twofold – the appeal of burgeoning popular pictorial press, and the widespread imperialist desire to see Canada grow to include the North-West. Certainly, Henry Youle Hind wrote extensively on the subject of the West and its opportunities for the growing country. He promoted the prairies as a "fertile belt" ideal for agriculture, and the mountains as an "empire" with "illimitable" natural resources. William's works reflect Henry's positive attitude toward the value of the frontier. In this essay I will explore the tradition of artists imaging the Canadian West, and attempt to situate William Hind's unique position within it, taking into account his possible intentions. Secondly, I trace Hind's movement through the West, and examine how his works express his particular experience during a critical period in the history of the formation of the Canadian West.

William Hind and Traditions of Imaging the West

In 1862, when William Hind embarked on his journey across the great North-West with his sketchbook in hand, he joined the ranks of a long tradition of artists in the Canadian West. Most had gone as members of exploration, military, or surveying parties to record the state of the western frontier. These artists were charged with illustrating and thereby making sense of what they encountered in the New World.[2] They were sensitive to the public interest in all aspects of what made the frontier unique. In response, they recorded the western novelties – its unique peoples, animals, plants, and landscape. One example was George Back, an artist on the 1819-1822 Franklin expedition that travelled through this region searching for the illusive North-West Passage to the Orient. In his images Back combined scientifically accurate observations with the high art interest in the "picturesque" – a popular landscape art convention high-

l'Ouest. Je suggère qu'il existe deux composantes aux forces primaires responsables de la production artistique de William Hind au cours de ces années: d'un côté, l'attrait de la toute nouvelle presse illustrée populaire florissante, de l'autre, la volonté impérialiste généralisée de voir le Canada s'étendre pour inclure le Nord-Ouest. À coup sûr, Henry Youle Hind écrivit abondamment sur le sujet de l'Ouest et des ouvertures que cette région représentait pour le pays en expansion. Il faisait la promotion des Prairies en les qualifiant de «ceinture fertile» idéale pour l'agriculture, et des montagnes comme un «empire» doté de ressources naturelles «illimitées». Les œuvres de William Hind reflètent l'attitude positive de son frère envers la valeur de ces régions éloignées. Dans cet essai, j'explorerai d'abord la tradition de la représentation visuelle de l'Ouest canadien par les artistes et j'essaierai d'y situer la position originale de William Hind, en tenant compte des intentions qui auraient pu être les siennes. Ensuite, je suivrai ses déplacements jusque dans l'Ouest et j'examinerai la façon dont ses œuvres expriment sa propre expérience durant une période critique dans l'histoire de la création de l'Ouest canadien.

William Hind et les traditions de la représentation visuelle de l'Ouest

En 1862, quand William Hind entreprit son voyage à travers les vastes étendues du Nord-Ouest, son carnet de croquis à la main, il rejoignait les rangs d'une cohorte d'artistes qui avaient déjà visité la région. La plupart étaient partis comme membres d'expéditions exploratoires, militaires ou topographiques en vue d'établir un relevé de l'état des confins du pays. Ces artistes avaient le mandat d'illustrer et, par conséquent, de donner un sens à ce qu'ils trouveraient dans le Nouveau Monde[2]. Ils étaient sensibles à l'intérêt du public envers tout ce qui donnait à cette région à demi sauvage son caractère unique. Ils documentaient donc tout ce qui constituait une nouveauté dans l'Ouest: groupes humains, bêtes, plantes et paysages spécifiques. Un exemple en était donné par George

Fig. 2

Fig. 3

lighting an ordered wilderness and man's relationship to it (fig. 2). This tradition, stemming back to the 17th century, negated natural form and colour in favour of presenting a formulaic construct of landscape. Another example of an artist who saw the Canadian West through the idealized filter of the picturesque was Henry Warre (fig. 3). He was an artistically trained soldier who came to the region in the 1840s as part of a military reconnaissance team investigating the Oregon Boundary Dispute (a quarrel over the boundary between British Columbia and the United States). In addition to making military notes, Warre also painted and sketched the details of nature and the narrative of his travels. Recognizing the commercial value of his work, in 1848 he published some of his paintings as lithographs along with an account of his travels.[3]

William Hind's close relationship and experience with his brother, explorer Henry Youle Hind, helped familiarize him with the concerns of the expedition artist. Clearly, William's work shares certain aspects in common with this type of artist, although he rejected the formal construct of the picturesque. William's earliest involvement with aspects of an expedition appears to be with Henry's Red River and Saskatchewan exploration project. Although William did not travel on these expeditions, it is significant that he produced images for the final report

Back, un artiste de l'expédition Franklin (1819-1822) qui avait voyagé dans la région à la recherche du chimérique passage du Nord-Ouest vers l'Orient. Dans ses images, Back combinait des observations scientifiques précises avec une prédilection pour l'art du «pittoresque», une convention populaire de l'art du paysage mettant en valeur une nature bien ordonnée et son rapport avec l'être humain (fig. 2). Cette tradition, qui remonte au XVIIe siècle, niait les formes et couleurs naturelles pour présenter un paysage conceptualisé selon une formule consacrée. Henry Warre (fig. 3) est un autre de ces artistes qui idéalisaient l'Ouest canadien au travers du filtre du pittoresque. Soldat doté d'une formation artistique, il était venu dans la région au cours des années 1840 avec une équipe de reconnaissance militaire pour enquêter sur le conflit frontalier avec l'Oregon (querelle portant sur la frontière entre la Colombie-Britannique et les États-Unis). En plus de rédiger des notes militaires, Warre décrivait la nature et racontait ses voyages en réalisant peintures et esquisses. Reconnaissant la valeur commerciale de son travail, il publia en 1848 quelques-uns de ses tableaux sous forme de lithographies accompagnant le compte rendu de ses déplacements[3].

Le lien étroit qui unissait William à son frère, l'explorateur Henry Youle Hind, et les expériences qu'ils

Figure 2
George Back. *Limestone Rocks, Lake Winnipeg*, 1825. Watercolour and ink on paper. Collection of The Winnipeg Art Gallery; Donated by the Women's Committee.

George Back. *Rochers calcaires, lac Winnipeg, 1825*. Aquarelle et encre sur papier. Collection du Musée des beaux-arts de Winnipeg; don du Women's Committee.

Figure 3
Henry James Warre. *Looking for a Ford, McGillvray's River*, 1845. Watercolour and gouache over pencil on paper. National Archives of Canada, Ottawa/C-031259.

Henry James Warre. *À la recherche d'un gué, rivière de McGillvray, 1845*. Aquarelle, gouache et mine de plomb sur papier. Archives nationales du Canada, Ottawa/C-031259.

115

Figure 4
John Fleming. *Beginning of Great Dog Portage*. Colour lithograph based on drawing in Henry Youle Hind, *Narrative of the Canadian Red River Exploring Expedition of 1857 and of the Assinniboine [sic] and Saskatchewan Exploring Expedition of 1858*, 1860. Legislative Library of Manitoba.

John Fleming. *Début du portage de Great Dog*. Lithographie en couleurs d'après un dessin paru dans Henry Youle Hind, *Narrative of the Canadian Red River Exploring Expedition of 1857 and of the Assinniboine [sic] and Saskatchewan Exploring Expedition of 1858*, 1860. Bibliothèque de l'Assemblée législative du Manitoba.

Figure 5
Humphrey L. Hime. *Susan, a Swampy Cree Half-Breed*. Colour lithograph based on photograph in Henry Youle Hind, *Narrative of the Canadian Red River Exploring Expedition of 1857 and of the Assinniboine [sic] and Saskatchewan Exploring Expedition of 1858*, 1860. Legislative Library of Manitoba.

Humphrey L. Hime. *Susan, Crie métis des marais*. Lithographie en couleurs d'après une photographie parue dans Henry Youle Hind, *Narrative of the Canadian Red River Exploring Expedition of 1857 and of the Assinniboine [sic] and Saskatchewan Exploring Expedition of 1858*, 1860. Bibliothèque de l'Assemblée législative du Manitoba.

Fig. 4

Fig. 5

based on the drawing of the official artist/surveyor, John Fleming. While Fleming's drawings and the photographs by Humphrey Hime were used to illustrate the commercial publication, Henry believed the drawings accompanying the official government report required increased faithfulness to nature (fig. 4 and 5). They needed to clearly present specific information about the region so that the Canadian Government could make informed decisions about its future use. Henry, therefore, hired William to work up large watercolours based on Fleming's drawings. These works accompanied the government report and were exhibited in Kingston and Toronto in 1859 as part of Henry's effort to promote the potential of the West for settlement and natural resources.[4] Although these paintings are missing, one can imagine that William enlivened Fleming's dry and miniscule representations with his characteristic bold colour and clarity of detail.

Several significant things important to understanding William's artistic activities in the West came out of his indirect involvement in these Western expeditions. Firstly, it whetted his palette to the possibilities of the

avaient vécues ensemble, l'aidèrent à se familiariser avec les questions préoccupant les artistes d'expédition. Il est évident que même s'il démontre un rejet du concept formel du pittoresque, l'œuvre de William partage certaines facettes avec celui de ce genre d'artiste. La première fois que William Hind se retrouva lié à une expédition semble être dans le cas de celles montées par son frère Henry, visant l'exploration de la rivière Rouge et de la Saskatchewan. Même s'il n'en fit pas partie, il faut noter qu'il réalisa des images pour le rapport final d'après les dessins de John Fleming, l'artiste / topographe officiel. Si les dessins de ce dernier et les photographies de Humphrey Hime allaient servir à illustrer l'ouvrage commercial, Henry pensa qu'il fallait que les dessins accompagnant le rapport officiel soient plus fidèles dans leur représentation de la nature (fig. 4 et 5). Ils devaient présenter de façon claire des informations précises sur la région afin que le gouvernement canadien prenne des décisions en connaissance de cause sur son utilisation future. C'est pourquoi Henry Hind loua les services de son frère pour qu'il peigne de grandes aquarelles d'après les dessins de Fleming. Ces tableaux accompagnèrent le rapport officiel et furent exposés en 1859 à Kingston et à Toronto dans le cadre des efforts de Henry visant la promotion du potentiel de l'Ouest quant à la colonisation et aux ressources naturelles[4]. Bien que ces œuvres aient disparu, on peut imaginer que William anima les représentations austères et minuscules de Fleming de la palette colorée et de la clarté du détail qui le caractérisent.

Plusieurs points majeurs qui nous permettent de comprendre les activités artistiques de William Hind dans l'Ouest résultèrent de sa participation indirecte à ces expéditions. Tout d'abord, elle aiguisa son appétit d'artiste pour ce que la région avait à offrir. En second lieu, elle représentait une collaboration fructueuse fusionnant les talents de promoteur de Henry avec

West. Secondly, it represented a successful collaboration affiliating Henry's promotional talents with William's artistic talents. One assumes that William was able to effectively match the visual presentation of the water-colours to Henry's positive outlook for the Western frontier. Furthermore, the subsequently published volumes relating to these expeditions would represent Henry's first experience within the realm of the illustrated press. The success of these volumes must have encouraged Henry to consider future projects. Indeed, the brothers' next collaboration was the 1861 Labrador expedition and its illustrated book – this time using William's work (fig. 6).

Although we know of no other extant Hind brothers publishing collaboration, *The Dominion of Canada* prospectus suggests that the idea for another one was kept alive through to the early 1870s. This ambitious project with a national scope required first-hand visual records of all regions. Since Henry's 1857 and 1858 expeditions did not extend beyond the prairies, and Henry was denied funding for a third expedition through the mountains, it would have been very desirable for William to go and amass accurate imagery. Indeed, the subjects that William covers in his art reflect the topics that Henry proposed for coverage in *The Dominion of Canada*, such as physical geography including mountain ranges; the geological features; travel and transportation; agricultural, forest and mining industries; and inhabitants where he specifies: "Metis, – Prairie and Forest Life, – the colonizing races:…, The Agricultural Settler, – The Miner, – The Lumberman, …the old Nor'-Wester."[5] Even a cursory glance at William's oeuvre demonstrates his focused interest in these particular aspects.

The proliferation of illustrated travel accounts related to the North-West at mid-century fed both Henry and William Hind's desire to collaborate. These publications were extremely popular for several reasons: they were compelling reading material, nourished the appetite for information about the frontiers, and acted as guides to those who sought to partake in their own travels of the

ceux artistiques de William. On peut penser que ce dernier était en mesure d'assortir de façon efficace la présentation visuelle des aquarelles au futur optimiste que Henry entrevoyait pour ces régions lointaines de l'Ouest. De plus, les volumes publiés par la suite qui se rapportent à ces expéditions allaient représenter pour Henry une première expérience dans le domaine de la presse illustrée. Le succès de ces publications dut l'encourager à envisager d'autres projets d'édition. En fait, la collabora-tion suivante fut l'expédition du Labrador de 1861 et son ouvrage illus-tré, qui, cette fois, faisait appel aux œuvres créées par William. (fig. 6)

Fig. 6

Bien qu'on n'ait pas connaissance d'autres projets d'édition réalisés en collaboration par les frères Hind, le prospectus *The Dominion of Canada* porte à croire qu'il en était question durant la décennie de 1870. Cette ambitieuse entreprise d'envergure nationale nécessitait une documentation visuelle directe de toutes les régions. Comme les expéditions montées par Henry en 1857 et 1858 n'étaient pas allées au-delà des Prairies, et qu'il s'était vu refuser des fonds pour organiser une troisième expédition qui franchirait les montagnes, il aurait été très souhaitable que William se rende sur place pour y amasser des images exactes. De fait, les sujets que traite William dans son œuvre rendent compte des thèmes proposés par Henry pour le contenu de *The Dominion of Canada*, tels que la géographie physique, y compris les chaînes de montagnes; les caractéristiques géologiques; les voyages et transports; les industries agricole, forestière et minière; ainsi que les habitants là où il précise: «Les Métis – Vie dans la prairie et la forêt, – Les races colonisatrices: …, Le colon agricole, – Le mineur, – Le bûcheron, … L'employé typique du Nord-Ouest[5].» Un simple coup d'œil à son œuvre suffit pour prouver l'intérêt que William portait à ces sujets particuliers.

Dans les années 50, la prolifération des récits de

117

Figure 6
William Hind. *The Conjurer in his Vapour-bath*. Woodcut in Henry Youle Hind, *Explorations in the Interior of the Labrador Peninsula, the Country of the Montagnais and Nasquapee*, 1863. Queen's University, Kingston.

William Hind. *Le chaman dans son bain de vapeur*. Bois gravé paru dans Henry Youle Hind, *Explorations in the Interior of the Labrador Peninsula, the Country of the Montagnais and Nasquapee*, 1863. Queen's University, Kingston.

Fig. 7

Fig. 8

Fig. 9

118

West. For Henry, they provided format models for his publications related to his expeditions. For William, they suggested a practical route for him to work as an artist. Examples that they would have seen include John Palliser's *Solitary Rambles and Adventures of a Hunter in the Prairies*, 1853; artist Paul Kane's *Wanderings of an Artist*, 1859; and *The Prairie Traveler*, 1859, by Randolph B. Marcy who travelled through the American North-West. Indeed, Henry's *A Sketch of an Overland Route to British Columbia*, published in 1862, can be considered the Canadian version of Marcy's book, as both provide a travel route and practical tips for the traveller. Released just before William departed west, Henry's book was carried by members of his party. Gignac suggests that the Hind brothers might have considered producing an illustrated reprint of this popular guidebook.

Other illustrated books published in the following years recounted travels through the West that in fact coincided with William's western sojourn. William Francis Butler's *The Great Lone Land; An account of the Red River Expedition and other travels and adventures in Western Canada*, was published in 1872. Significantly, Butler arrived in Winnipeg as a spy just ahead of the Wolseley expedition in 1870 at the very time when Hind was living there. *The North-West Passage by Land*, 1863,

voyage illustrés concernant le Nord-Ouest alimenta le désir mutuel de collaboration des deux frères Hind. Ces publications avaient la faveur du public pour diverses raisons: les textes en étaient convaincants, rassasiant l'appétit d'information sur les terres frontières, et elles servaient de guides à ceux qui prévoyaient d'organiser eux-mêmes leur périple dans l'Ouest. Elles fournissaient à Henry des modèles de format pour ses propres ouvrages reliés à ses expéditions. Elles indiquaient à William une voie concrète pour travailler comme artiste. Parmi les ouvrages qu'auraient pu connaître les deux frères, on peut compter *Solitary Rambles and Adventures of a Hunter in the Prairies* de John Palliser, paru en 1853 ainsi que *Wanderings of an Artist* de Paul Kane et *The Prairie Traveler* de Randolph B. Marcy, qui avait traversé le Nord-Ouest américain, parus tous deux en 1859. En fait, on peut considérer le livre de Henry, *A Sketch of an Overland Route to British Columbia*, publié en 1862, comme la version canadienne de l'ouvrage de Marcy, vu que tous deux offrent au voyageur un itinéraire et des conseils pratiques. Sorti juste avant le départ de William vers l'Ouest, l'ouvrage de Henry se trouvait dans les bagages des membres de son équipe. Gignac suggère que les frères Hind avaient peut-être envisagé de rééditer ce guide populaire avec des illustrations.

D'autres livres illustrés publiés au cours des années suivantes retraçaient des voyages dans l'Ouest qui, en fait, coïncidaient avec le séjour de William dans la région. Le récit de William Francis Butler, *The Great Lone Land; An account of the Red River Expedition and other travels and adventures in Western Canada*, fut publié en 1872. Il est à noter que

by Viscount Milton and Walter B. Cheadle, detailed a trek to the West Coast that departed the same year as Hind did. It is possible that they met Hind when he was living in Victoria. Indeed, a few of the illustrations in Milton and Cheadle's book beg comparison between some of William's paintings. For example, *View from the Hill Opposite Jasper House – The Upper Lake of the Athabaska River and Priest's Rock* (fig. 7) shares many similarities with Hind's paintings *Jasper House* (cat. 32), and another version of the scene (fig. 8). The illustration *A Way-Side House – Arrival of Miners* (fig. 9) is very close in composition, handling of human figures, and general spirit to Hind's *Gold Miners in a Saloon* (fig. 10). However, there exists enough difference between these illustrations and Hind's paintings to shed doubt on a direct relationship. Several possible scenarios should be explored before any conclusions are drawn: the illustrations are loosely based on Hind paintings and have been reinterpreted by the engraver;[6] Hind himself copied the illustrations after the fact as the basis of his subsequent paintings;[7] or the similarity is merely the coincidence of shared experiences.

The Hind brothers also had connections to another stream of popular illustration of the day – the illustrated newspaper. By the mid-19th century, the desire for images of world events and explorations grew phenomenally. As a result, a new type of artist not necessarily linked with expeditions developed – the travelling artist-reporter. Examples of artists who reported on the British North-West include Robert Ormsby Sweeney (1831-1902) and Manton Marble (1834-1917), whose drawings (fig. 11, 12, and 13) appeared in articles on Red River in *Harper's Monthly* in the late 1850s and early 1860s.[8] In 1858 Henry published articles related to his Red River and Saskatchewan expeditions, with Fleming's images, in the popular British newspaper *Illustrated London News*. William was aware of this venture before leaving for the West and may have developed his own aspirations in this direction. Indeed, in 1870 two of William's works were published in the same newspaper (fig. 14 and 15).[9]

Butler arriva à Winnipeg en tant qu'espion, précédant de peu l'expédition de Wolseley en 1870, au moment même où Hind vivait dans cette ville. *The North-West Passage by Land* (1863), de Viscount Milton et Walter B. Cheadle, narre en détail une randonnée vers la côte Ouest qui débuta la même année que celle du départ de Hind. Il est possible que les auteurs rencontrèrent ce dernier alors qu'il vivait à Victoria. En fait, on ne peut s'empêcher de comparer certains tableaux de William Hind avec plusieurs illustrations du livre de Milton et Cheadle. Ainsi, *Vue de la colline en face de Jasper House – Lac supérieur de la rivière Athabaska et Rocher du prêtre* (fig. 7) a bien des points en commun avec les œuvres de Hind, *Jasper House* (n° 32 du cat.) et une autre version de la scène (fig. 8). L'illustration *Maison en bordure de la route – Arrivée des mineurs* (fig. 9) est très proche dans la composition, le traitement des figures et le ton général de *Prospecteurs dans un saloon* (fig. 10). Il subsiste toutefois assez de différences entre ces deux illustrations et les tableaux de Hind pour jeter un doute quant à un lien direct. Il faudrait envisager divers scénarios possibles avant de tirer des conclusions: les illustrations s'inspirent de manière assez lâche des peintures de Hind et elles ont été réinterprétées par le graveur[6]; Hind lui-même copiait les illustrations après coup, s'en inspirant pour réaliser ses propres tableaux[7]; ou bien la similitude est due tout simplement à une coïncidence d'expériences communes.

Les frères Hind étaient également liés à un autre courant d'illustration populaire de l'époque: le journal illustré. Le milieu du XIXe siècle connut un appétit phénoménal pour des images dépeignant événements

Fig. 10

Figure 10
William Hind. *Gold Miners in a Saloon*, 1863. Oil on tin. 37.5 x 34.7 cm. Oakland Museum of California, Kahn Collection.

William Hind. *Prospecteurs dans un saloon*. Huile sur étain. 37,5 x 34,7 cm. Oakland Museum (Californie), collection Kahn.

Fig. 11

Fig. 12

Fig. 13

Fig. 14

Fig. 15

Figure 11
Manton Marble.
St. Andrew's Church.
Engraving from "To Red
River and Beyond" in
*Harper's New Monthly
Magazine*, February, 1861.
Elizabeth DaFoe Library,
University of Manitoba.

Manton Marble. *Église St.
Andrew's*. Gravure illustrant
l'article «To Red River and
Beyond» paru dans *Harper's
New Monthly Magazine*,
février 1861. Bibliothèque
Elizabeth DaFoe, Université
du Manitoba.

Figure 12
Manton Marble. *Ball at
Pembina*. Engraving from
"To Red River and Beyond"
in *Harper's New Monthly
Magazine*, October, 1860.
Elizabeth DaFoe Library.
University of Manitoba.

Manton Marble. *Danse à
Pembina*. Gravure illustrant
l'article «To Red River and
Beyond» paru dans *Harper's
New Monthly Magazine*,
octobre 1860. Bibliothèque
Elizabeth DaFoe, Université
du Manitoba.

Figure 13
Robert Ormsby Sweeney.
The Pembinese at Supper.
Engraving from "People of
Red River" in *Harper's New
Monthly Magazine*, January
1859. Legislative Library of
Manitoba.

Robert Ormsby Sweeney.
*Gens de la Pembina au
souper*. Gravure illustrant
l'article «People of Red
River» paru dans *Harper's
New Monthly Magazine*,
janvier 1859. Bibliothèque
de l'Assemblée législative du
Manitoba.

Figure 14
William Hind. *Ojibways of
Red River*. Engraving from
"The Red River Expedition
in North America," in
Illustrated London News, 4
June, 1870. Legislative
Library of Manitoba.

William Hind. *Ojibways de
la rivière Rouge*. Gravure
illustrant l'article «The Red
River Expedition in North
America», paru dans
Illustrated London News,
4 juin 1870. Bibliothèque de
l'Assemblée législative du
Manitoba.

Figure 15
William Hind. *The Prairie
Crees*. Engraving from
"The Red River Expedition
in North America," in
Illustrated London News, 4
June, 1870. Legislative
Library of Manitoba.

William Hind. *Cris des
Prairies*. Gravure illustrant
l'article «The Red River
Expedition in North
America», paru dans
Illustrated London News,
4 juin 1870. Bibliothèque de
l'Assemblée législative du
Manitoba.

Certainly, the plethora of such newspaper imagery provided Hind with models for his work.

With knowledge of Hind's predisposition to travel account literature and illustrated newspapers, I suggest that we consider the possibility that he had further intentions to illustrate. Indeed, if we examine his paintings with this context in mind, it becomes clear that he was greatly influenced by various iconographic aspects of illustration, like the narrative novelties of the frontier, as well as formal elements, such as unconventional compositions giving scenes a heightened sense of immediacy. Understanding this link to illustration helps to explain some of the idiosyncratic aspects of his work that diverge from painting convention.

Certainly Hind's refutation and divergence from the norm of 19th century Canadian painting can be strongly demonstrated when we compare his paintings to those of Paul Kane – the best-known painter to have moved through and depicted the West at that time. This comparison stems naturally from the fact that both artists covered much the same territory, produced memorable images of the West and its peoples, and did so with a high degree of detail resulting from their personal observations. Furthermore, they both travelled largely on their own volition, not as part of formalized expeditions.

In 1846 to 1848, Kane travelled through the western reaches of Hudson Bay Company territory (present-day Manitoba, Saskatchewan, Alberta, British Columbia, Washington, and Oregon regions), depicting imagery of Aboriginal peoples in the tradition of George Catlin who had done the same through the American North-West a few years earlier. Like Catlin, Kane believed that Aboriginal culture was dying as a result of European expansionism. His paintings were intended to record the disappearing culture for posterity. While he travelled, he made copious, highly detailed sketches of particular Aboriginal people, paying close attention to their clothing and accoutrements. Back in his Toronto studio, he used these sketches to work up large-scale finished paintings.

mondiaux et explorations. Il en résulta un nouveau type d'artiste qui n'était pas nécessairement lié aux expéditions, le reporter-artiste voyageur. Parmi ceux qui rendirent compte du Nord-Ouest britannique, on trouve Robert Ormsby Sweeney (1831-1902) et Manton Marble (1834-1917), dont les dessins (fig. 11, 12 et 13) figuraient à la fin des années 1850 et au début des années 1860 dans des articles sur la rivière Rouge parus dans *Harper's Monthly*[8]. En 1858, Henry publia des articles reliés à ses expéditions de la rivière Rouge et de la Saskatchewan, avec les images de Fleming, dans le journal populaire britannique *Illustrated London News*. William était au courant de cela avant de partir pour l'Ouest et il aurait pu envisager de poursuivre ses propres aspirations dans cette voie. En fait, en 1870, deux de ses œuvres furent publiées dans ce même journal (fig. 14 et 15[9]). Il est certain que cette pléthore d'images dans les journaux offrit à William Hind des modèles pour ses propres œuvres.

Maintenant que l'on sait le penchant de William Hind pour les récits de voyage et les journaux illustrés, je propose que l'on envisage la possibilité qu'il avait encore d'autres intentions de réaliser des images. En fait, si l'on regarde ses tableaux en ayant ceci en tête, il devient évident qu'il fut fortement influencé par divers aspects iconographiques de l'illustration, comme la nouveauté ressortant des récits sur cette région pionnière, de même que les éléments formels comme la composition non conventionnelle qui donnait plus à l'observateur le sentiment de faire partie de la scène. Une fois compris, ce lien avec l'illustration explique mieux diverses facettes propres au travail de cet artiste, qui s'écartent de la convention picturale.

Le rejet par Hind de la norme de la peinture canadienne au XIXe siècle et la façon dont il s'en écarte deviennent évidents si l'on compare ses tableaux à ceux de Paul Kane, le peintre le plus célèbre à avoir parcouru l'ensemble de l'Ouest et à l'avoir dépeint à l'époque. Cette comparaison vient naturellement du fait que les deux artistes ont couvert en gros le même territoire, exécuté des images mémorables de l'Ouest et de ses habitants, et qu'ils l'ont fait avec beaucoup de détails glanés lors de leurs observations personnelles. De plus, ils ont

Fig. 16

During these years when Kane was working on his paintings, Hind was also living in Toronto. Both were members of the Canadian Institute, where Hind most likely would have heard Kane's illustrated lectures on the North-West. Further, Hind would have seen Kane's work in the 1852 Provincial Agricultural Exhibition in which both men exhibited, and he would have been aware of Kane's illustrated travel account, *Wanderings of an Artist*. Nonetheless, when Hind made his own odyssey, he may have taken some of Kane's interest in the Aboriginal people, but left behind his formal and stylistic concerns.

Kane's elaborate works reflect not only ethnological details but also his study of European painting. His works, such as *Big Snake, Chief of the Blackfoot Indians, Recounting his War Exploits to Five Subordinate Chiefs* (fig. 16), are very deliberately composed and painted according to European painting traditions. Figures are arranged hierarchically and well within the border of the frame. The landscape in which they are set is of the picturesque tradition, bearing little relationship to a specific prairie location. Hind's work, on the other hand, does not reflect a concern for such conventions, and they give us little reason to believe that he was modelling his work on Kane's paintings or those that he would have seen in the museums of his day.[10] His watercolour *Indians on the Prairie* (cat. 18), for example, demonstrates a disregard for formal composition. Within this grouping of three men, Hind presents the two outside figures with their legs extending beyond the frame. Their arrangement is casual; only one man faces forward, and one is completely obscured by hair falling in his face. The handling of bodies is awkward, reflecting Hind's practical art training that did not emphasize anatomy studies. In another Hind work, *Hunting Buffalo* (cat. 24), the divergence from classical composition projects a fresh and humorous vision of activities in

tous deux voyagé le plus souvent de leur propre initiative, et non comme membres d'expéditions officielles.

De 1846 à 1848, Kane voyagea aux confins occidentaux du territoire de la Compagnie de la Baie d'Hudson (aujourd'hui la région englobant le Manitoba, la Saskatchewan, l'Alberta, la Colombie-Britannique et les États de Washington et d'Oregon), décrivant par images les peuples autochtones selon la tradition de George Catlin qui, quelques années auparavant, avait fait de même dans tout le Nord-Ouest américain. Comme Catlin, Kane croyait que la culture autochtone était en voie de disparition suite à l'expansionnisme européen. Ses tableaux avaient pour but de documenter pour la postérité la culture moribonde. Tout en voyageant, il réalisa de nombreux croquis très détaillés de divers peuples autochtones, prenant bien soin de reproduire leurs vêtements et leurs attributs cérémoniels. De retour dans son atelier torontois, il se servait de ces croquis pour parachever ses toiles de grandes dimensions.

Durant ces années où Kane travaillait sur ses tableaux, Hind vivait également à Toronto. Tous deux étaient membres du Canadian Institute, où Hind allait très probablement assister aux conférences illustrées de Kane sur le Nord-Ouest. Il devait en outre avoir vu les travaux de Kane à la Foire agricole provinciale de 1852 où ils exposèrent tous les deux, et il connaissait sans doute le récit de voyage illustré de Kane, *Wanderings of an Artist*. Il n'en reste pas moins que, quand il partit pour sa propre odyssée, il emmena peut-être avec lui un peu de l'intérêt de Kane envers les peuples autochtones, mais il ne s'encombra pas de ses préoccupations formelles et stylistiques.

Les œuvres très travaillées de Kane reflètent non seulement les détails ethnologiques mais aussi son étude de la peinture européenne. Ses toiles, par exemple *Big Snake, chef des Indiens Blackfoot, racontant ses exploits guerriers à cinq chefs subordonnés* (fig. 16), sont délibérément composées et peintes dans la tradition de la peinture européenne. Les figures sont disposées de façon hiérarchique et bien à l'intérieur du bord du cadre. Le paysage dans lequel elles s'inscrivent relève du «pittoresque», n'ayant que peu de rapports avec un endroit précis de la Prairie. Les œuvres de Hind, en revanche, ne semblent pas se préoccuper de telles conventions, et ne nous

the West. Almost half the composition is blank, filled only with grass. The main subject, that of a truncated and prone hunter being stormed by bison, is relegated completely to the left side of the page. Essentially, Hind provides what can be described as a snapshot effect – certainly well before such a concept was invented. This informal format, that is often seen as a primitive quality in his art, should be recognized as deliberate. Such compositions lend Hind's work a feeling of immediacy. By cutting off elements of the subject, we feel as if we are witnessing what Hind actually saw as he sat in the grass with the subject. Here we see Hind's acceptance of the "truth of nature," as it were, where he presents the world as he saw it without embellishment or idealization – a notion in complete opposition to the ideals of the picturesque. This more casual effect, although not seen in the painting of his contemporaries, was common in contemporary illustration such as those by Sweeney and Marble in *Harper's*. Hind no doubt is taking this influence from the tradition of the artist-journalist who sought effects that enabled viewers to feel an immediacy to the subject.

Hind's approach to colour is another deviation from Kane's work. Kane used colour and light to evoke drama, reflecting the popular sense of the sublime – characteristic of the Romanticist painting movement. Through subdued colouration in concert with stormy atmospheric effects, Kane imposes a mood of heroic tragedy in keeping with his opinions about the doomed state of the Western frontier (fig. 17). Hind, however, avoids sentimentalizing his works through romantic colouration. He consistently applied a clear atmosphere that presents all details in near-equal clarity and brilliance of colour, which is unlike any painter working in Canada at that time. It is interesting to note that a reviewer writing about the 1852 Provincial Agricultural Exhibition in which both Kane and Hind exhibited, complained of Kane's "certain sameness of treatment, and fondness for browns and yellows, which threatens to give a monotony...."[11] Certainly, his works would have appeared monotonous in colour if hung in

donnent pas lieu de croire qu'il prenait modèle pour son propre travail sur des tableaux de Kane ou des toiles qu'il aurait pu voir dans les musées de son temps[10]. Son aquarelle *Indiens dans la Prairie* (n° 18 du cat.), par exemple, révèle qu'il ignore totalement la composition formelle. Dans ce groupe composé de trois hommes, Hind présente les deux personnages sur les côtés avec les jambes qui débordent du cadre. Ils sont placés un peu au hasard; seul un homme est de face et un autre a le visage complètement dissimulé par sa chevelure. Le traitement des corps est maladroit, reflétant l'aspect pratique de la formation artistique de Hind, qui ne mettait pas l'accent sur les études d'anatomie. Dans une autre œuvre, *Chasse au bison* (n° 24 du cat.), l'écart par rapport à la composition classique projette une vision fraîche et humoristique des activités qui avaient lieu dans l'Ouest. Presque la moitié de la composition est vide, ne représentant que des herbes. Le sujet principal, celui d'un chasseur couché sur le ventre et dont on n'aperçoit que la moitié du corps, alors que des bisons foncent dans sa direction, est complètement relégué à gauche de la page. Essentiellement, Hind offre ce que l'on peut décrire comme un instantané – certainement bien avant l'invention du concept. Ce format sans cérémonie, qui est souvent perçu comme un aspect primitif de son art, devrait être reconnu comme intentionnel. De telles compositions donnent aux œuvres de Hind un sentiment d'immédiat. Ne pouvant voir certains éléments qui font normalement partie du sujet, nous avons l'impression d'être témoins de ce que Hind voyait réellement quand il était assis dans l'herbe avec celui-ci. C'est là que nous réalisons l'acceptation par Hind de la «vérité de la nature», telle qu'elle est, quand il représente le monde comme il le voit, sans l'embellir ni l'idéaliser, ce qui s'opposait absolument à l'idéal du pittoresque. Cet effet plus décontracté, s'il ne se percevait pas dans la peinture de ses contemporains, était en revanche courant dans

Fig. 17

123

Figure 17
Paul Kane. *Buffalo at Sunset*, c. 1851-56. Oil on canvas. National Gallery of Canada, Ottawa; Transfer from the Parliament of Canada, 1955.

Paul Kane. *Bisons au coucher du soleil*, v. 1851-1856. Huile sur toile. Musée des beaux-arts du Canada, Ottawa; transféré du Parlement du Canada, 1955.

proximity to Hind's characteristically vibrant paintings.

This brilliant colour and light has led some art historians to link Hind to one fine art movement – the British Pre-Raphaelite painters. This comparison is superficially founded on their shared use of colour and faithful representation of nature. Since Hind's work is very different in many other aspects, notably iconography and sentiment, is it not more reasonable to assume that their shared concerns have more to do with their common operation within Victorian society as a whole?[12] Certainly, the 19th century fascination with science was a prevailing influence upon many disciplines. This ubiquitous interest, in conjunction with critic John Ruskin's writings on art and nature, set the stage for many artists with a keen sense of observation.[13]

Hind's hyper-real qualities have also been linked with photography, although there are no known examples of him using this media as specific models.[14] The development of photography similarly emerged from the mindset desirous of images faithful to nature – witness the inclusion of photographer Humphrey Hime on Henry's 1858 Saskatchewan expedition. Certainly, William was aware of the competition between the photograph and the artist's drawing. His talent for colour, an aspect that allows his work to stand out from the work of his Canadian contemporaries, was something he possessed that was beyond the capabilities of mid-19th century photography. Indeed, it was partially for this reason that Henry chose William's works to accompany his official expedition report, despite also having Hime's photographs.

Hind's disregard for high art conventions is the stumbling block for those who have tried to locate his work strictly within painting tradition. Perhaps William Hind has eluded art historians because they were looking for him in all the wrong places and measured him by the same criterion as his painting contemporaries, such as Kane. However, we can now examine Hind's western oeuvre with a new understanding of his background and intentions. Some of his divergence can be explained by

l'illustration de l'époque telle que la pratiquaient Sweeney et Marble dans la revue *Harper's*. Il ne fait pas de doute que Hind tire cette influence de la tradition de l'artiste-reporter à la recherche d'effets qui devaient permettre aux observateurs de se sentir présents dans la scène au même titre que le sujet.

La façon dont Hind aborde la couleur constitue un autre écart par rapport à l'œuvre de Kane. Ce dernier utilisait la couleur et la lumière pour évoquer quelque chose de dramatique, reflétant le sens populaire du sublime, qui caractérise la peinture romantique. En combinant des coloris sobres avec des effets atmosphériques d'orage, Kane impose un climat de tragédie héroïque, conforme à son opinion selon laquelle les terres frontières de l'Ouest étaient condamnées (fig. 17). Mais Hind évite de donner une coloration sentimentale à ses œuvres, en refusant une palette romantique. Il s'efforce au contraire de rendre la limpidité de l'atmosphère qui révèle chaque détail avec une transparence et une clarté de couleur presque toujours égales, ce qui ne ressemble à l'œuvre d'aucun autre peintre travaillant au Canada à l'époque. Il est intéressant de noter qu'un critique, écrivant au sujet de la Foire agricole provinciale de 1852 où Kane et Hind exposaient tous les deux, se plaignait du «traitement quelque peu répétitif de Kane et de sa prédilection pour les bruns et les jaunes, qui menace de causer une certaine monotonie[11]... » Il est certain que ses tableaux auraient paru monotones de par leurs couleurs, s'ils avaient été accrochés à côté des toiles vibrantes qui étaient la marque de Hind.

Cette palette limpide et lumineuse a conduit des historiens d'art à relier Hind à un mouvement artistique particulier, celui des peintres préraphaélites de Grande-Bretagne. Cette comparaison s'appuie de façon superficielle sur leur utilisation commune de la couleur et leur représentation fidèle de la nature. Vu que l'œuvre de Hind est, à maints égards, très différent, en ce qui a trait notamment à l'iconographie et à la psychologie, n'est-il pas plus raisonnable de supposer que leurs préoccupations communes avaient plus à faire avec le fait qu'ils opéraient tous au sein d'une société très largement victorienne[12]? Il est certain que la fascination du XIXe siècle pour la science était une influence prédominante dans bien des disciplines. Cet

practical art training, which envisioned drawing as a tool for communication of information. As such it favoured adapting the medium to the needs of the subject and creating an image in a style that would enhance its particular character, rather than forcing a subject into the formula of established fine art convention. In combination with his relationship to Henry and their shared interest in the power of the popular press to disseminate information, this compelled William to develop a different look to his paintings than those of artists strictly interested in the pictorial trends of the fine art milieu.

William Hind's
Journey and Sojourn in the West

Many specifics about William Hind's activities during his time in the West are still unknown. Nonetheless, I divide his sojourn and resultant art works into three documented components: the initial journey across the West in 1862, his stay in British Columbia, and his return visit to Winnipeg in 1870.

I. The Overlander Trek, 1862

William Hind walked across the plains and through the mountains to the Cariboo goldfields with a group of 200 prospective goldminers known as the "Overlanders of '62."[15] Spurred on by his brother's enthusiasm for the West and the myriad articles recounting the glories of the gold rush in Toronto's *Globe*, William Hind enlisted to accompany the Redgrave group of Overlanders making the trek to the British Columbia interior in the spring of 1862.[16] The first leg of the trip, mostly through United States territories via train, stage, and riverboat, was relatively tame. Although Hind carried his sketchbook with

intérêt très répandu, joint aux écrits du critique John Ruskin sur l'art et la nature, ouvrirent la voie à un grand nombre d'artistes dotés d'un sens aigu de l'observation[13].

Cette qualité d'hyperréalisme de Hind a aussi été associée à la photographie, bien qu'on ne connaisse pas d'exemples où l'artiste aurait utilisé ce support pour des modèles spécifiques[14]. Le développement de la photographie naquit du même désir profondément ancré d'obtenir des images fidèles à la nature – témoin, l'inclusion du photographe Humphrey Hime dans l'expédition de la Saskatchewan montée en 1858 par Henry Hind. Il est certain que William Hind était conscient de la concurrence existant entre la photographie et les dessins d'artiste. Son talent pour la couleur, une facette qui permet à son œuvre de se démarquer de celui de ses contemporains canadiens, était un atout qui allait bien au-delà des possibilités de la photographie du milieu du XIXe siècle. En fait, c'est en partie la raison qui amena Henry Hind à sélectionner les œuvres de son frère pour accompagner son rapport d'expédition officiel, bien qu'il eût aussi en sa possession les clichés de Hime.

Le rejet par Hind des conventions de l'art avec un grand A représente la pierre d'achoppement pour ceux qui ont tenté de situer son œuvre strictement au sein de la tradition picturale. Il a peut-être échappé aux historiens d'art parce qu'ils le cherchaient toujours au mauvais endroit et le mesuraient selon le même critère que les peintres de son temps, comme Kane. Nous pouvons cependant examiner son œuvre dans l'Ouest en comprenant mieux son vécu et ses intentions. Son attitude divergente s'explique en partie par sa formation pratique en art, qui voyait dans le dessin un outil permettant de communiquer de l'information. En tant que telle, cette formation favorisait l'adaptation du médium au sujet ainsi que la création d'une image dans un style qui ferait ressortir ses caractéristiques, plutôt que de faire entrer de force le sujet dans une convention artistique établie. Jointe au lien qui l'unissait à Henry et à leur intérêt commun dans le pouvoir de diffusion de la presse populaire, cette formation incita William Hind à développer pour ses propres tableaux un aspect différent de celui d'artistes intéressés exclusivement par les tendances picturales du milieu des beaux-arts.

him from the time he left Toronto, we have no evidence that he recorded any event until reaching Fort Garry – the gateway to the North-West and the beginning of the frontier. As an artist with an eye to the interests of the popular press, Hind understood that the true "frontier," the unknown parts of the continent not easily accessible by rail or road, was of prime interest to readers of illustrated journals and travel accounts.

The tiny sketchbook, beginning with the Overlanders assembling in Fort Garry, documents their trying journey across the prairies to the foot of the Rocky Mountains.[17] The images in the sketchbook end with three mountain sketches, two versions of a distant view of the Rocky Mountains, and one titled *Along the McLeod River*. At that point the journey became almost unbearable; the men were near starvation and many suffered from dysentery. The rugged terrain and lack of pasturage forced them to abandon pack animals, or else eat them. For this reason, the mountains were crossed with all their belongings on their own backs. When they reached the Fraser River, although rafting and canoeing were faster, travel was more treacherous and some men drowned. William briefly describes the overland trek in an 1864 letter to his brother:

> …We had a jolly time coming over the Plains, but when we approached the Rocky Mountains difficulties began to appear in the way of large swamps pine and bog swamps, and small lakes of water through which we had to lead our oxen, packing is not such easy work as driving a cart. Redgrave and I with another were three days in advance of our party when we first struck the perpendicular wall of the Rocky Mountains, opposite which we camped on Tundra, and were in a state not to be envied as we fancied we were surrounded by Grizzly bears during the day and night, mistaking the note of the mourning owl, for the grunt of a Grizzly. Down the Fraser was the worst part of the journey, as it is full of rapids and caverns etc. living on dried ox meat alone during the time. Pemmican is infinitely better food.[18]

Le voyage de William Hind et son séjour dans l'Ouest

Il reste bien des détails que l'on ne connaît pas encore sur les activités de William Hind à l'époque où il vécut dans l'Ouest. Je vais cependant diviser son séjour et les œuvres d'art qui en ont résulté en trois composantes documentées: sa traversée initiale de l'Ouest en 1862, son séjour en Colombie-Britannique, et son retour temporaire à Winnipeg en 1870.

I. Le voyage terrestre (1862)

William Hind traversa à pied les plaines et les montagnes pour atteindre les champs aurifères de la région de la Cariboo avec un groupe de deux cents futurs prospecteurs connus sous le nom d'«Overlanders de 1862[15]». Encouragé par l'enthousiasme de son frère pour l'Ouest et par la myriade d'articles retraçant les moments glorieux de la ruée vers l'or dans le *Globe* de Toronto, William Hind s'enrôla pour accompagner l'équipe des Overlanders menée par Redgrave, qui se rendirent à pied jusque dans l'intérieur de la Colombie-Britannique au printemps de 1862[16]. Le premier tronçon du voyage, effectué en grande partie au travers des territoires des États-Unis en train, en diligence et en bateau fluvial, fut relativement facile. Bien que Hind ne se défît jamais de son carnet de croquis à partir du moment où il quitta Toronto, nous n'avons aucune preuve qu'il documenta des événements avant d'atteindre Fort Garry, la porte du Nord-Ouest et le début des contrées vierges. En tant qu'artiste sensible aux intérêts de la presse populaire, Hind comprit que les véritables «terres frontières», les parties inconnues du continent difficiles d'accès par le rail ou la route, étaient ce qui intéressait le plus les lecteurs des revues et des récits de voyage illustrés.

Ce carnet de croquis minuscule, commençant avec les Overlanders qui se regroupent à Fort Garry, documente leur traversée ardue des Prairies jusqu'au pied des montagnes Rocheuses[17]. Les images du carnet se terminent par trois

The continental crossing of the Overlanders of '62 is indeed an epic story of the struggle with nature and willingness to sacrifice all for the promise of greater opportunity in a new land. With only a handful of non-Aboriginal men having gone before them, such a trek was indeed an amazing feat. Aware of this, Hind created a document that stands as a visual narrative of the journey and the men who made it.[19] Much of the content of the sketchbook lends itself to travel account literature, and indeed, in recent years, images from it have been reproduced in books documenting the story of the Overlanders of '62.[20]

The sketchbook drawings for the most part are quick renderings, many of which are obviously done on the spot, while some appear to be drawn from memory after dramatic events such as thunderstorms. They are a combination of graphite and ink drawings; some are coloured with watercolour, possibly after the fact.[21] They capture the difficulties of the journey, the daily activities of camp life, the novel aspects of prairie travel, and the monotony of the journey across the treeless and seemingly endless prairie. In fact, in the sketchbook Hind documents the journey in much the same manner that many of his fellow travellers used their written journals to record the experience. Occasionally, even personal feelings of loneliness and isolation come through the drawings as they do in the journals. For example, when an undescribed disagreement forced Hind from the tent of his original travelling companion, Richard Alexander, his sketches over the next few days adopt a decidedly emotional tone.[22] In the first drawing after the date of his ejection, Hind depicts a lone horse in the middle of the field around which cattle are huddled. The horse's body faces the viewer, but its head is looking away, projecting a sense of the human emotions of isolation and regret (cat. 17). Hind's reaction was indeed not a rarity on the trip. His companions also wrote of their loneliness and regrets. His new tent-mate, Stephen Redgrave, repeated similar feelings in his diary a few days after the dispute:

croquis de montagnes, deux versions d'une vue distante des Rocheuses et une intitulée *Le long de la rivière McLeod*. À ce point, le voyage devint quasi intolérable, les hommes étant presque morts de faim et beaucoup souffrant de dysenterie. Le terrain accidenté et le manque de pâturages les obligèrent à abandonner leurs bêtes de somme ou à les manger. C'est pour cette raison qu'ils franchirent les montagnes en portant toutes leurs possessions sur le dos. Quand ils atteignirent le Fraser, bien que le radeau et le canot soient plus rapides, l'épopée devint plus dangereuse et certains se noyèrent. William Hind décrit brièvement cette randonnée à pied dans une lettre adressée à son frère en 1864 :

> ... On a eu sacrément du plaisir à traverser les Plaines, mais quand on s'est rapprochés des Rocheuses, les difficultés ont commencé à surgir sous la forme de grands marécages, de marais de pins et de tourbières, et de petits lacs qu'on devait traverser en guidant nos bœufs – pas aussi facile avec des animaux bâtés qu'avec des charrettes. Redgrave et moi avec un autre on avait trois jours d'avance sur notre groupe quand on s'est pour la première fois heurtés à la paroi verticale des Rocheuses; on a campé juste en face sur la toundra, notre situation était peu enviable vu qu'on croyait être entourés d'ours jour et nuit, prenant même le chant matinal du hibou pour le grognement du grizzli. La descente du Fraser a été le pire du voyage, avec les nombreux rapides, et les parois caverneuses, etc.; on a survécu en mangeant du bœuf séché durant tout ce temps-là. Le pemmican est bien meilleur[18].

La traversée du continent effectuée par les Overlanders de 62 est en soi une épopée de la lutte contre les forces de la nature et de la volonté de tout sacrifier pour la promesse d'une vie meilleure dans un nouveau pays. Avec seulement une poignée de non-Autochtones qui s'y étaient aventurés avant eux, un tel périple tenait en fait de l'exploit. Bien conscient de ce fait, Hind réalisa un document qui raconte en images le voyage et les hommes qui le firent[19]. Une grande partie du contenu du carnet

... as I lay now upon the ground writing this strange thoughts sometimes come into my mind especially of home & the dear ones I have left behind me ... I am then dissatisfied especially as I look on the scene before me ... I seem to go alone myself unfriended & remote – my present looks a waste before me & my past roving life a ruin – still I must now go forth to fill up my future ...[23]

While many of the drawings in the sketchbook are dated and inscribed with a location, it is more difficult to ascertain where and when Hind created his watercolour and oil paintings. In fact, doubt remains whether certain paintings relate to the 1862 journey or to his return passage in 1870. Current thinking assumes that certain works reflect the initial overland journey, based on their relationship to specific events documented in the journals of his travel mates. For example, *Crossing the Battle River, North Western Prairie Saskatchewan District* (cat. 19) clearly relates to the Overlanders' crossing of the Saskatchewan River on July 14th where Alexander describes obtaining a Hudson's Bay Company (HBC) boat to cross to a very steep shore.[24] *Camping on the Prairie* (cat. 26) relates to Redgrave's July 19th entry where he mentions his pleasure at having a plentitude of buffalo meat, while at the same time being frustrated by the lack of wood that forces them to resort to burning dry buffalo dung. Another work, *Crossing Swamps near Head Water, North Saskatchewan* (cat. 28), relates to Alexander's August 19th description as they neared the Pembina River: "Roads awful in afternoon, had to unload and pack my horse three times in the afternoon as he got mired."

Whether Hind painted any of these along the way is questionable because it is hard to believe that he had time to stop and paint, particularly during the later leg of the trip when circumstances were most dire. Most of the finished paintings of the journey were done after Hind arrived on the West Coast and set up house in Victoria, which he describes to Henry: "... I have been just dragging

se prête à l'édition du récit de voyage, et en fait, au cours des dernières années, des images en ont été reproduites dans des ouvrages documentant l'histoire des Overlanders de 62[20].

Les dessins du carnet de croquis sont pour beaucoup des rendus rapides, la plupart visiblement saisis sur le vif, tandis que quelques-uns semblent avoir été dessinés de mémoire, après des événements marquants comme de violents orages. Ils constituent un ensemble de dessins à la mine de plomb et à l'encre, certains colorés à l'aquarelle, peut-être après coup[21]. Ils captent les difficultés du périple, les activités quotidiennes de la vie au camp, les aspects nouveaux du voyage dans la prairie et la monotonie de la progression à travers cette étendue dénuée d'arbres qui semble illimitée. En fait, dans le carnet, Hind documente la randonnée un peu comme le font ses compagnons de voyage qui écrivent un journal pour consigner leur expérience. Parfois, des sentiments personnels de solitude et d'isolement ressortent même des dessins, comme ils le font dans ces journaux. Ainsi, quand un différend inexpliqué oblige Hind à quitter la tente de Richard Alexander avec qui il faisait équipe depuis le début du voyage, ses croquis adoptent un ton nettement émotionnel au cours des jours qui suivent[22]. Dans le premier dessin réalisé après son expulsion, Hind décrit un cheval solitaire au milieu d'un champ autour duquel est couché le bétail. Le corps du cheval fait face à l'observateur, mais il a la tête tournée vers le lointain, exprimant une sorte d'émotion humaine de peine et d'isolement (n⁰ 17 du cat.). En fait, au cours du périple, la réaction de Hind n'était pas unique. Ses compagnons couchèrent aussi par écrit leur peine et leur solitude. Quelques jours après la querelle, Stephen Redgrave, avec qui Hind partageait à présent sa tente, exprima des sentiments similaires dans son journal:

... en ce moment je suis couché par terre pour écrire ces lignes et d'étranges pensées me viennent parfois à l'esprit, surtout de la maison et des êtres chers que j'ai laissés derrière ... je suis alors bien malheureux surtout en regardant tout autour ... – le présent qui s'offre à moi me semble être une pure perte et mon passé de nomade un échec total – et pourtant il faut

along by sketching i.e. made watercolour drawings from my overland sketches, as well as some original oil paintings descriptive of life in the upper region."[25] While the Overlander sketchbook drawings occasionally have a minor relationship to extant watercolours or oils, this quote suggests that Hind may have done additional sketches more directly related to his final paintings.[26] An example is the less than finished watercolour *River, North Saskatchewan* (cat. 29), which appears to be a study for the oil painting *Pack Ox in the Mountains* (cat. 30). They are very close in size, and share an almost identical composition and geographic content. They both depict travellers following the high embankment of a river that meanders out of sight amidst some low mountains. However, the watercolour is of some resting Aboriginal people while the oil shows a man leading an ox. In turn, both the watercolour and oil seem to be related to the sketchbook drawing *Trail by McLeod River*. It is in these three works that we most clearly see a relationship between Hind's sketches and finished paintings related to the journey.

Taken as a group (cat. 18-36), these paintings lay out the narrative of the Overlander journey through a variety of approaches. The highly finished works share a clarity of atmosphere and a high degree of detail that is verging on didactic – a tendency that stems naturally from Hind's teaching background, his practical training in Nottingham where drawing was seen as a faithful witness and means to inform, and from his experience as an expedition artist. Despite the consistently small-scale of his paintings, William Hind clearly lays out the details of how things were done. In *Crossing the Battle River, North Western Prairie Saskatchewan District* (cat. 19), for example, we can decipher exactly how the Red River carts were dismantled and piled into the boat. The oxen were made to swim across ahead of it. He also communicates specific information about the location, delineating every round shoreline rock and each leaf on the plants in presentation that verges on obsessive. Furthermore, even the figures on

bien continuer pour combler mon futur[23] ...

Si un grand nombre des dessins du carnet sont datés et portent la mention d'un lieu, il est plus difficile d'établir avec précision où et quand Hind réalisa ses huiles et aquarelles. Il subsiste même un doute à savoir si certains tableaux sont reliés à son périple de 1862 ou bien à son retour effectué en 1870. L'opinion admise est que certaines œuvres sont bien le reflet du voyage initial par voie terrestre, si l'on se fonde sur leur rapport avec des événements précis documentés dans les journaux de ses compagnons de route. Ainsi, *Traversée de la rivière Battle, Prairie du Nord-Ouest – district de la Saskatchewan* (n° 19 du cat.) se rapporte indubitablement à la traversée de la Saskatchewan par les Overlanders du 14 juillet, où Alexander mentionne qu'il a obtenu un bateau de la Compagnie de la Baie d'Hudson (CBH) pour franchir la rivière en direction d'une berge très escarpée[24]. *Campement dans la Prairie* (n° 26 du cat.) se rapporte à l'entrée du 19 juillet dans le journal de Redgrave, où il parle de son bonheur devant l'abondance de viande de bison, mais aussi de sa frustration devant la pénurie de bois qui les oblige à brûler de la bouse de bison séchée. Une autre œuvre, *Traversée de marécages près de Head Water, Saskatchewan du Nord* (n° 28 du cat.), est reliée à la description d'Alexander du 19 août, alors qu'ils s'approchent de la rivière Pembina: «Routes épouvantables l'après-midi; ai dû décharger et charger trois fois mon cheval qui s'était embourbé.»

On peut douter que Hind ait fait ces peintures en cours de route, car on a du mal à imaginer qu'il avait le temps de s'arrêter pour peindre, surtout durant la dernière étape du voyage, quand les conditions ont empirés. La plupart des tableaux achevés qui décrivent la traversée ont été exécutés après son arrivée sur la côte Ouest et son installation à Victoria, qu'il décrit à Henry en ces termes: «... Je passe juste le temps en traînant, à dessiner, c'est-à-dire que j'ai fait des dessins à l'aquarelle d'après mes croquis du voyage à pied, ainsi que quelques tableaux à l'huile qui décrivent la vie dans ces régions plus au nord[25].» Si les dessins du carnet ont à l'occasion un rapport secondaire avec les aquarelles ou huiles qui en ont résulté, cette citation indique que Hind a pu faire d'autres croquis liés plus directement à ses

shore and in the boat are faithfully depicted as convincing individual portraits.

In *Athabaska Pass, Mount Murchison, "Showing Limits of forest"* (cat. 36), he not only provided specifics about the landscape with its bald rocky mountains emerging from the forest at its base, but also painstakingly explains a particular episode in the journey.[27] According to Alexander's descriptions from September 14th through the 20th, the group prepared for river travel by building canoes, shooting the remainder of the pack animals, and drying the meat. The painting clearly depicts these activities despite their miniscule proportions within the landscape. His tiny yet effective brushstrokes enable us to recognize men working on a canoe, the drying racks around the camp, and even the carcass of an ox that corresponds uncannily to the actual situation. Despite the fact that it is an impressive and picturesque landscape, the less than picturesque detail of the ox leads one to believe that this painting was intended for something more specific than for sale as a landscape painting. Such precise details set within the narrative context would have lent themselves perfectly as reproductions in a newspaper article about the Overlander trek.

II. British Columbia, 1862-1870

It was late October when the Overlanders arrived in the Cariboo region of British Columbia at the heart of gold country. Unfortunately, the reality was less than promising. Winter was setting in, operations were winding down, and first-hand reports were more discouraging than the *Globe* reports had led them to believe. After the harrowing six-month trek, many could not face the disappointing prospects. Some left immediately, choosing, if they could afford it, to take the more expensive but less strenuous route to New York via steamers that rounded the continent at Panama. Hind did not return to Eastern Canada; instead, he hopped a steamer for San Francisco.[28]

tableaux achevés[26]. Un exemple nous est offert par l'aquarelle inachevée intitulée *Rivière, Saskatchewan-Nord* (n° 29 du cat.), qui semble être une étude pour l'huile *Bœuf de bât dans les montagnes* (n° 30 du cat.). Elles se ressemblent beaucoup de par leur taille ainsi que leur composition et leur contenu géographique qui sont presque identiques. Elles décrivent toutes deux des voyageurs qui longent le haut de la rive escarpée d'une rivière dont les méandres se perdent dans les piémonts. Mais l'aquarelle représente quelques Autochtones au repos alors que l'huile montre un homme guidant un bœuf. L'aquarelle comme l'huile semblent, à leur tour, être reliées au dessin du carnet *Piste longeant la rivière McLeod* (n° 17 du cat.). C'est dans ces trois œuvres de Hind que se manifeste le plus nettement un rapport entre ses croquis et ses tableaux achevés traitant du voyage.

Pris ensemble (n°s 18-36 du cat.), ces tableaux racontent l'épopée des Overlanders selon diverses approches. Les œuvres très travaillées ont en commun une atmosphère limpide et une minutie dans le détail qui frôle le didactique, tendance issue tout naturellement de l'expérience d'enseignant de Hind, de sa formation pratique à Nottingham où le dessin était vu comme un témoin fidèle et un mode d'information, ainsi que de son vécu comme artiste d'expédition. Malgré la taille réduite de tous ses tableaux, William Hind présente nettement dans les moindres détails la façon dont les choses se passaient. Dans *Traversée de la rivière Battle, Prairie du Nord-Ouest – district de la Saskatchewan* (n° 19 du cat.) par exemple, on peut décrypter de façon précise comment on démontait les charrettes de la rivière Rouge pour les empiler dans le bateau, et comment on faisait d'abord traverser les bœufs à la nage. Hind nous communique aussi de l'information exacte sur les lieux, traçant l'arrondi du moindre rocher sur la rive et le contour de chaque feuille d'une manière qui tient presque de l'obsession. Qui plus est, même les figures sur le rivage et dans le bateau sont représentées fidèlement comme de vrais portraits individuels.

Dans *Col Athabaska, mont Murchison, «On voit les limites de la forêt»* (n° 36 du cat.), non seulement Hind nous présente ce qu'a de spécifique le paysage, avec le roc dénudé de la montagne qui émerge de la cime des arbres à ses pieds, mais il insiste sur un épisode particulier du voyage[27]. Selon les descrip-

Of Hind's stay in San Francisco, we know little other than one small painting now owned by the Oakland Museum (fig. 10) indicating Hind witnessed the mining lifestyle in California at the time.[29] By 1863 Hind had returned to British Columbia and settled in Victoria:

> I have received your letter; and am glad to hear that you are all well; the reason I did not write, was, I believe, because, instead of having made my weight in gold; there was nothing very flattering to tell – the life during the past year having been rather a rough one. Of course, you are well posted as to this country, having read, no doubt any number of letters in the Globe i.e. relating to this Colony and Cariboo in particular. Cariboo had proved to be a mining region, difficult to come at, difficult to get along in and very partial in its favours. Victoria presents, this winter a melancoly (sic) contrast to the preceding one, in fact everything in a state of stagnation, and the only thing that seems to keep the place alive is the attempt to develop the copper mines of Vancouver and the adjacent islands – There seems to be no doubt as to the number of copper leads existing throughout the country but it remains to be ascertained whether they are rich enough to pay – with the exception of one or two fortunate cases. Cariboo seems to have disappointed experienced miners this season, and consequently there will be a decrease in the numbers of Cariboo miners, next season.

> Of course, I have not been able to get up to Cariboo; it requiring considerable means as well as muscle to get there, especially to stop there; … – Of all the Overlanders whom have come here, those who are mechanics and axemen have done the best.[30]

tions d'Alexander datées du 14 au 20 septembre, en préparation du reste du voyage sur la rivière, le groupe construisit des canots et abattit le reste des bêtes de somme pour en faire sécher la viande. Malgré leurs proportions minuscules au sein du paysage, le tableau décrit ces activités avec une extraordinaire netteté. Les traits de pinceau microscopiques et pourtant saisissants nous permettent de distinguer les hommes occupés à construire un canot, les séchoirs à viande dispersés autour du camp et même la carcasse d'un bœuf, qui est un rappel sinistre des circonstances. En dépit du fait qu'il s'agit là d'un paysage impressionnant et pittoresque, le détail peu esthétique du bœuf nous amène à penser que ce tableau était destiné à un but plus spécifique que celui d'être vendu comme une peinture de paysage. Des détails aussi précis inclus dans un contexte narratif se seraient prêtés à merveille à des reproductions dans un article de journal sur le voyage des Overlanders.

II. La Colombie-Britannique (1862-1870)

C'est à la fin d'octobre que les Overlanders arrivèrent dans la région de Colombie-Britannique appelée la Cariboo, située en plein cœur des terrains aurifères. Malheureusement, la réalité était loin de correspondre à ce qu'ils espéraient. L'hiver arrivant, l'exploitation allait cesser et les témoignages directs étaient plus décourageants que ceux que le *Globe* n'avait laissé croire. Après le périple de six mois qui s'était révélé un calvaire, beaucoup ne pouvaient faire face à des perspectives d'avenir décevantes. Certains repartirent sans attendre, choisissant, s'ils en avaient les moyens, un itinéraire plus cher mais moins éprouvant pour se rendre à New York en vapeur en faisant le tour du continent par le Panamá. Plutôt que de retourner dans l'est du Canada, Hind sauta à bord d'un vapeur qui se rendait à San Francisco[28]. De son séjour dans cette ville, on ne sait pas grand-chose sinon qu'il réalisa un petit tableau, qui se trouve actuellement au Oakland Museum (fig. 10), prouvant qu'il fut témoin du style de vie des mineurs de l'époque en Californie[29]. En 1863, Hind, de retour en Colombie-Britannique, était installé à Victoria:

Despite the depressing environment, Hind's artistic output was prolific according to the number of extant paintings reflecting life in British Columbia at this time. We also have evidence that he was painting signs[31] and taking part in other artistic endeavours, such as collaborating with another artist on large-scale landscape paintings commissioned by a man planning an illustrated lecture tour discussing the state of the colonies. An article in the Victoria paper describes the collaboration:

A Fine Oil Painting – We were yesterday shown a fine oil painting – 4 feet 6 inches by 3 feet 4 1/2 inches – the joint production of Messrs. Hind and Thomlinson, of this city. The subject being a local one invests the picture with additional interest. The artists have been engaged by a gentleman, who will shortly proceed to England to lecture, to paint a series of pictures embracing views in both colonies and the present one, the first of the series show that the task has been confided to able hands. The scene is laid on the valley of the Fraser, above Yale, showing Trutch's Suspension Bridge in the foreground, and the trail beyond is seen winding along the tortuous bank of the stream until it becomes obscured by the distant haze. The lights and shadows are well preserved, and the varied tints thrown upon the rugged pine clad mountains are true to nature, and convey an accurate idea of the general outline of the country. Great pains have been evidently bestowed by the artists on the execution of the more prominent feature in the picture, and particularly on the river banks, the rocky gorge spanned by the fine suspension bridge, and the fir trees above. As a work of art the picture speaks well for our native talent, and we shall look forward to future productions from the same pencil. The next scene will embrace the noble Olympian mountain range.[32]

J'ai bien reçu ta lettre; et je suis heureux de savoir que tout va bien pour vous; la raison pour laquelle je n'ai pas écrit, c'est que, je crois, au lieu de m'en être mis plein les poches d'or, il n'y avait rien de bien intéressant à raconter – la vie au cours de l'année dernière ayant été assez difficile. Naturellement, tu es bien placé pour savoir ce qui se passe dans le pays, en ayant sans doute lu les lettres parues dans le Globe, c'est-à-dire qui se rapportent à cette colonie et à la région de Cariboo en particulier. La Cariboo s'est révélée une région minière, difficile à atteindre, difficile à pénétrer et injuste dans le partage de ses richesses. Cet hiver, Victoria présente un contraste mélancolique par rapport à l'an passé, en fait tout en est au point mort, et l'unique chose qui semble donner un peu de vie est la tentative d'exploiter les mines de cuivre de Vancouver et des îles adjacentes – il ne semble pas y avoir de doute quant au nombre de filons de cuivre qui existent dans toute la région, mais encore faut-il s'assurer qu'ils sont suffisamment riches pour pouvoir être rentables – à l'exception d'un ou deux cas privilégiés. La Cariboo semble avoir déçu les mineurs chevronnés cette saison, et le résultat est qu'il y aura bien moins de mineurs de la Cariboo la saison prochaine.
Naturellement, je n'ai pas été en mesure de monter à la Cariboo; cela demande beaucoup d'argent et d'efforts pour y arriver, et surtout pour y rester; ... – De tous les Overlanders qui sont venus ici, ce sont les mécaniciens et les bûcherons qui s'en sont le mieux tirés[30].

Malgré le climat morose, la production artistique de Hind fut prolifique si l'on se fie au nombre de tableaux conservés qui décrivent la vie en Colombie-Britannique à cette époque. Nous avons aussi la preuve qu'il peignait des enseignes[31] et qu'il participait à d'autres projets artistiques, tels que la collaboration avec un autre artiste à de grands tableaux de paysage commandés par un individu qui planifiait une tournée de conférences illustrées sur l'état des colonies. Un article paru

This type of project would have come naturally to Hind after his experiences with his brother in projects such as the Labrador book and the Red River report watercolours, which were intended largely for similar promotional purposes.

The majority of Hind's British Columbia paintings relate to various aspects of goldmining. While some are generalized mountain landscapes depicting miners and their pack animals in their milieu (cat. 50 - 54), others give specific information about mining operations. *Sluicing for Gold, British Columbia* (cat. 55) presents a beautifully detailed river valley in autumn. Yet Hind does not merely intend this to be an impressive landscape; he took great pains to depict the wooden troughs built into the side of the shore used in the sluicing operation of goldmining. Each natural detail is presented with Hind's characteristic impression of precision. It is interesting that when one looks at Hind's brushwork through a magnifying glass, it becomes clear that the precise details that he presents are really formed by a minimal number of strokes that merely give the impression of exactitude. Nonetheless, the clarity he applies evenly across this scene enables the details of the operation and the context of its surroundings to be understood. The operation bears witness to the natural resource potential that was imagined to be throughout the frontier landscape.

Several of Hind's watercolour sketches overtly document the progress of Euro-Canadians into the British Columbia frontier through bridges and roads (cat. 57-59). These man-made constructions slicing through the wilderness stand as symbols of possession of the land. In *Victoria*, (cat. 62) Hind depicts the built-up shoreline of the community curving round the bend of the bay as a backdrop to the activities of the Aboriginal peoples in the foreground.[33] In *Strait of San Juan, B.C.* (cat. 63), Hind lays out a broad vista from a mountainside looking down over a beach across the water to the far shore. A minute steamer traversing the strait, two tiny houses down the hillside, and a staff planted in a pile of boulders on top of

dans un journal de Victoria décrit ainsi cette collaboration:

> Une très belle peinture à l'huile – On nous a montré hier une très belle peinture à l'huile – de 4 pieds 6 pouces sur 3 pieds 4 pouces 1/2 – production conjointe de MM. Hind et Thomlinson, qui résident dans notre ville. Le sujet, pour en être un local, rend le tableau encore plus intéressant. Les deux artistes ont été engagés par un personnage, qui se rendra bientôt en Angleterre y donner des conférences, afin de peindre une série de tableaux qui contiennent des vues des deux colonies, et ce tableau, le premier de la série, prouve que cette tâche est entre bonnes mains. La scène se situe dans la vallée du Fraser, en amont de Yale, et montre au premier plan le pont suspendu de Trutch, et au-delà la piste qui serpente le long de la rive sinueuse du cours d'eau jusqu'à se perdre dans la brume lointaine. Les ombres et les lumières sont bien préservées, et les teintes variées qui colorent les montagnes escarpées couvertes de pins sont réalistes et donnent une bonne idée de l'aspect de la région. On peut voir que les peintres n'ont pas ménagé leur peine pour rendre les attributs les plus importants de l'image, surtout les berges du fleuve, la gorge rocheuse qu'enjambe le splendide pont suspendu, sans oublier les sapins plus haut. En tant qu'œuvre d'art, le tableau augure bien du grand talent qui se trouve ici, et nous espérons qu'il y en aura d'autres du même pinceau. La scène suivante comprendra la noble chaîne des monts Olympia[32].

Ce genre d'entreprise aurait naturellement convenu à Hind, après le travail en collaboration avec son frère à des projets tels que le livre sur le Labrador et les aquarelles destinées à illustrer le rapport sur la rivière Rouge, dont le but principal visait une promotion du même genre.

La majorité des tableaux de Hind réalisés en Colombie-Britannique se rapporte à divers aspects de l'exploitation aurifère. Si certains sont des paysages de montagne en général, décrivant mineurs et bêtes de somme dans leur environnement

the hill all mark a claim to the landscape of those who have passed through it. It is a stunning and highly finished watercolour full of specific information about the geography and vegetation, but with carefully considered messages about the possession of the frontier by its new Canadian inhabitants.

Hind is also drawn to the presence of other cultures in British Columbia and revels in showing the novelties of their activities. For example, in *Chinese Goldwashers on the Fraser River, B.C.* (cat. 49) he presents a mining camp with figures in various phases of work. He focuses on two foreground figures who demonstrate activities unique to the Chinese miners. While one figure sifts gold particles from the water using a woven box, another lugs rocks in two buckets on either end of a pole.

Similarly, Hind's interest in Aboriginal people is about showing the variety of people living in the far reaches of the British Empire. He is not drawn to them as subjects in any systematic ethnological manner, as was the case with Kane. Rather, Hind appears to appreciate their unique technologies and activities purely as novel and appealing subjects. In *Indians Gathering Shellfish, Victoria Island* (cat. 66), he painted a quiet scene as Salish men search the shallow water for shellfish. Hind was most interested in describing how this activity is done and therefore represented various poses. Mainly he shows the men from behind, or else bent over with hair over their faces. We see how they use sticks to disturb the rocks in their search and gather the shellfish in woven baskets worn on the back. Hind typically gives us specific clues that make the landscape unmistakable – in the foreground he details pieces of bull kelp, and in the background we see the snowcapped coastal mountains. The two shadows that cut into the foreground lend a sense of immediacy that leave us wondering who else was standing with Hind as he recorded the activity. The narrative clues and the presentation of details, however, do not prevent this work from being firstly a spectacular painting. Painted with a breathtaking sensitivity to colour, it remains fresh even

(nos 50-54 du cat.), d'autres fournissent des informations précises sur les opérations minières. *Lavage au sluice pour trouver de l'or, Colombie-Britannique* (no 55 du cat.) rend magnifiquement et avec exactitude une vallée fluviale en automne. Hind ne veut toutefois pas que son tableau reste un paysage impressionnant, car il a mis tout son talent à décrire les goulottes en bois construites sur le côté de la rive qui servent au lavage à l'eau courante dans l'exploitation aurifère. Le moindre détail naturel est rendu avec la précision qui est la marque de Hind. Il est intéressant de noter que si l'on observe à la loupe le coup de pinceau de l'artiste, on comprend mieux que les détails précis sont en fait dus à un nombre très restreint de coups de pinceau qui donnent simplement une impression d'exactitude. Cependant, le soin avec lequel il dépeint cette scène nous permet de comprendre les diverses facettes de l'exploitation et le milieu dans lequel elle se déroule. Cette activité témoigne du potentiel en ressources naturelles qui était, imaginait-on, le propre de ces grands espaces vierges.

Plusieurs des croquis à l'aquarelle de Hind racontent manifestement le rôle des ponts et routes dans la pénétration par les Eurocanadiens des régions pionnières de Colombie-Britannique (nos 57-59 du cat.). Ces constructions érigées par l'homme, créant une trouée dans les espaces vierges, symbolisent la prise de possession du territoire. Dans *Victoria* (no 62 du cat.), Hind décrit les bâtiments de la communauté construits sur le rivage incurvé de la baie, comme toile de fond aux activités des Autochtones du premier plan[33]. Dans *Détroit de San Juan, C.-B.* (no 63 du cat.), Hind déploie un vaste panorama depuis le flanc d'une montagne dominant une plage jusqu'au rivage lointain de l'autre côté de l'eau. Un vapeur lilliputien qui traverse le détroit, deux minuscules maisons au bas de la colline et un mât planté dans un tas de rochers au sommet revendiquent tous le paysage au nom de ceux qui y sont passés. Cette aquarelle très travaillée est splendide, fournissant une profusion de détails spécifiques sur la géographie et la végétation, mais contenant aussi des messages subtils sur la possession de ce front pionnier par ses nouveaux habitants canadiens.

after nearly 150 years. Like *Fraser River, Loon* (cat. 65) and *Haro Pass, Pacific Coast, B.C.* (cat. 64), this work glows with an underlying vibrant cerulean blue that is built up in subtle hatched brushstrokes. Hind remained a painter, particularly of the watercolour medium, even in works that he may have intended for illustration. His gifted ability to replicate light effects, bringing colour to life, consistently raises his works to a level seldom achieved by the most sensitive of painters.

Cabin on the Fraser River, B.C., "The Bacon is cooked" (cat. 37) is a prime example of Hind's mastery of subtle light and colour through his talent in adapting his medium to best suit the subject at hand. It is one of Hind's moodiest works, contrasting the exaggerated rowdiness of a card game with two contemplative men in the foreground. He captures this interaction as well as the loneliness that coexists with it. In the dark room he creates a complex and compelling scene, subtly lit by the fire but obscured by the smoke. The firelight reflects off the faces of men staring intently into the fire. Daylight filters down through a hole in the roof to further illuminate the men from above. All that Hind shows us in the dim cabin is defined by these two understated light sources. Furthermore, he cleverly manipulates the paint to express a faithful sense of the subject; to communicate the nature of the built-up ashes in the pit, he applies the gouache with a palette knife in textured layers.

Hind's wry sense of humour and love of the unexpected are other aspects that distinguish his art. Perhaps the works from this period that best demonstrate this are the ones that focus on the group dynamic existing in the 1860s mining camps. The rough, rugged men that we stereotypically associate with opening up the frontier are depicted in works that show them eagerly seeking one another for socialization.[34] *British Columbia Miners* (cat. 38) is a particularly interesting example of this type of painting. The composition is exceptionally tight with figures nearly pressed up against the picture plane surface. Two men in the foreground sleep reclined in wooden

Hind est en outre attiré par la présence d'autres cultures en Colombie-Britannique et il se délecte à montrer l'originalité de leurs activités. Par exemple, dans *Orpailleurs chinois sur le Fraser, C.-B.* (no 49 du cat.), il présente un camp minier avec des figures s'affairant à diverses occupations. Il se concentre au premier plan sur deux personnages qui exécutent des tâches typiques de mineurs chinois. Tandis que l'un recueille les paillettes d'or en tamisant de l'eau à l'aide d'un panier tressé, l'autre charrie des pierres dans des seaux fixés aux deux bouts d'une perche.

De même, l'intérêt de Hind pour les Autochtones consiste à montrer la diversité des gens qui vivent aux confins de l'Empire britannique. Ils ne l'attirent pas en qualité de sujets vus sous un angle ethnologique systématique, comme c'était le cas pour Kane. Hind semble plutôt apprécier leurs technologies et activités propres comme une matière première inédite et attrayante. Dans *Indiens ramassant des coquillages, île Victoria* (no 66 du cat.), il dépeint une scène paisible alors que les Salish cherchent des coquillages dans l'eau peu profonde. Hind s'intéressait beaucoup à décrire la façon dont se déroulait l'activité et il présente donc les figures dans des pauses variées. Il montre surtout les hommes de dos, ou bien penchés en avant, les cheveux leur retombant sur le visage. On voit comment ils se servent de bâtons pour fouiller dans les cailloux et trouver les coquillages qu'ils mettent ensuite dans des paniers tressés portés sur le dos. Hind offre généralement des indices spécifiques qui permettent de reconnaître le paysage – au premier plan, il décrit en détail des morceaux d'algues brunes, et montre en arrière-plan les sommets enneigés des montagnes côtières. Les deux ombres se profilant au premier plan donnent une impression de spontanéité qui nous fait nous demander qui d'autre était présent avec l'artiste au moment où il documentait la scène. Les indices narratifs et la présentation des détails n'empêchent toutefois pas que cette œuvre soit tout d'abord un tableau spectaculaire. Peint avec une extrême sensibilité à la couleur, il garde sa fraîcheur même après cent cinquante ans. À l'instar de *Fraser, huart* (no 65 du cat.) et de *Haro Pass, côte du Pacifique, C.-B.* (no 64 du cat.), cette toile vibre d'un bleu céruléen sous-jacent formé de délicates hachures exécutées au pinceau. Hind resta surtout un

chairs. Their intersecting bodies create an "x" across the compacted backdrop of conversing men. An interesting detail of a miner bent over a bucket washing his hair at the far right of the composition is unlike anything seen in Canadian painting at the time. It is a seemingly inconsequential detail that gives us information about the business of life – how miners, arriving dusty and dirty from their labour, perform a cursory washing before entering the saloon. At the same time, it represents a jarring compositional anomaly. The vertical member of the timber wall divides the composition into two unequal parts, the dense interior, and the narrow, brighter strip opening to the outdoors.

Such surprising elements are part of what make Hind's work compelling; unbounded by convention, he was free to play with the unexpected and thus show things just as he saw them. Certainly, the variety and strangeness of the viewpoints in these works allow each one to remain fresh. In an unfinished oil, *Miners, British Columbia* (cat. 41), the figures are in very close proximity to the picture plane, but this time shown only from their chests up. It is interesting that one of the biggest focuses in the work is the back of a miner. This view seems to reproduce Hind's exact physical relationship to the men, as if he too were standing just outside the grouping. Its casual presentation lends a realistic touch that allows viewers to feel a part of the scene. Conversely, in *Bar in Mining Camp* (cat. 40), Hind lays out his interior as if he were looking up at the standing miners. The sharp rise of the floorboards is exaggerated, thus giving an uneasy tilting of the picture plane that further emphasizes the near-claustrophobic bar environment. This choice of angle is a calculated element used as a tool to express the nature of the space and to suggest mood. This can also be said of Hind's handling of the human figure. Typically, Hind is more interested in communicating something about the rowdy and desperate dynamic between the men than rendering anatomically correct bodies. In fact, because we know from his self-portraits that he was capable of more

peintre d'aquarelle, même dans des œuvres qu'il réalisait à des fins d'illustration. Son don de reproduire les effets de la lumière, donnant vie à la couleur, élève constamment ses tableaux à un niveau rarement atteint par les peintres les plus sensibles.

Cabane sur le Fraser, C.-B., «Le bacon est servi» (n⁰ 37 du cat.) est un exemple typique de sa maîtrise de la subtilité de la lumière et du coloris grâce à son talent à adapter le médium pour mieux convenir au sujet. C'est une des œuvres les plus moroses, dans laquelle l'animation bruyante d'une partie de cartes est mise en contraste avec les deux hommes pensifs au premier plan. Il capte cette interaction ainsi que la solitude qui lui est juxtaposée. Dans la pièce obscure, il crée une scène complexe et éloquente, éclairée par le chatoiement du feu mais voilée par la fumée. La lueur des flammes se reflète dans les visages des hommes dont le regard est concentré sur l'âtre. Le jour qui filtre par un trou dans le toit vient aussi les illuminer d'en haut. Tout ce que nous montre Hind dans cette cabane sombre est défini par ces deux sources lumineuses discrètes. Il manipule en outre la peinture très adroitement pour rendre le sujet avec fidélité: afin de représenter les cendres qui s'amassent dans la fosse, il applique la gouache en couches texturées à l'aide d'un couteau à palette.

L'humour à froid de Hind et sa prédilection pour l'insolite sont d'autres facettes qui distinguent son art. Les œuvres de cette période qui en sont le meilleur exemple sont peut-être celles qui tournent autour de la dynamique de groupe existant dans les camps miniers des années 1860. Les hommes frustes et bourrus que l'on associe de façon stéréotypée avec la mise en valeur des terres vierges sont dépeints dans des œuvres qui les montrent en train de rechercher des contacts sociaux[34]. *Mineurs de Colombie-Britannique* (n⁰ 38 du cat.) est un exemple particulièrement intéressant de ce genre de tableau. La composition est anormalement ramassée, les figures étant comme pressées sur le plan pictural. Deux personnages dorment au premier plan, allongés sur des chaises en bois. Leurs corps qui se croisent forment un X sur un arrière-plan où des hommes serrés les uns contre les autres sont en train de discuter. À l'extrême droite de la composition, on voit un

realistic handling, we might conclude that in these cases he used the clumsy bodies, much like he used the exaggerated viewpoints, as an expressive tool.

Many of these works give us insight into the individual psyche of the miner. *Prospecting for Alluvial Gold in British Columbia* (cat. 47), a brilliant painting, sparkling with reflected light and intense colour, works on several levels. Hind lays out the process of panning for gold. The lone miner sits on the shore, slowly draining the water from his pan searching for the ellusive speck of gold. His paraphernalia – blanket, cup, pipe, and pick – are depicted with near-photographic detail and surface quality and laid out as if on display. We are led to under-stand not only information about the process but also about the situation; these objects are probably all that the tattered and tired miner owns in this world. The miner's placement, alone on the point of land that rises steeply all around him, creates compression not often seen in Canadian landscape painting. It emphasizes the claustrophobia of the mountain environment and the desperation of miners trapped there until they make money to fund their return home. However, this painting is not merely narrative; it is also successful aesthetically. Hind's sophisticated use of colour brings the work to life; the red of the miner's blanket produces a triangle of intensity that is both an effective backdrop to the miner and a contrast to the varied greens of the forests. The line of the miner's back, leg, blanket, and pick handle create a conscious balance to the intersecting diagonals of the side of mountain. This construction of balanced diagonals enlivens many of his mountain scenes, demonstrating that although Hind diverges from traditional conventions of his day, he is nonetheless sensitive to making his works rise above the merely illustrative.

Gold Digger, B.C. (cat. 48) similarly combines interesting formal qualities with narrative insight into the isolation of the miner. Here, a lone figure climbs out of the cold river on to a steep bank. His back to us, this man is not identified but we learn about him through details.

mineur penché sur un seau en train de se laver les cheveux, détail notable car il n'a pas son pendant dans la peinture canadienne de l'époque. Il s'agit là d'un détail apparemment sans conséquence qui nous renseigne sur la vie de tous les jours – la façon dont les mineurs, qui reviennent du travail sales et couverts de poussière, font une toilette sommaire avant d'entrer dans le saloon. En même temps, il crée une anomalie de composition déroutante. Le poteau vertical de la paroi de bois divise la composition en deux parties inégales: l'intérieur à l'atmosphère dense et la bande étroite, plus lumineuse, qui donne sur l'extérieur.

C'est en partie à cause d'éléments de ce genre que l'œuvre de Hind est si convaincante; non lié par une convention, il était libre de jouer avec l'insolite et de montrer ainsi les choses simplement, telles qu'il les voyait. À coup sûr, la variété et l'étrangeté des points de vue dans ces œuvres permettent à chacune de garder sa fraîcheur. Dans une huile non achevée, *Mineurs, Colombie-Britannique* (n⁰ 41 du cat.), les figures sont très proches du plan pictural, mais, cette fois, on ne leur voit que le haut du corps. Il est à remarquer qu'un des points d'intérêt majeurs est le dos d'un mineur. Cette vue semble reproduire le rapport physique exact de Hind avec ces hommes, comme si lui aussi était là, juste à l'extérieur du groupe. La présentation peu formelle lui confère une touche réaliste qui permet à l'observateur de se sentir comme faisant partie de la scène. En revanche, *Bar dans un camp minier* (n⁰ 40 du cat.) nous montre l'intérieur comme si l'artiste regardait les mineurs de dessous. La déclivité du plancher est exagérée, créant un sentiment de malaise en faisant basculer le plan pictural, ce qui souligne encore plus l'ambiance quasi claustrophobique du bar. Le choix de l'angle est un élément calculé, utilisé comme un outil pour exprimer la nature de l'espace et suggérer une atmosphère. On peut dire la même chose du traitement que Hind fait de la figure humaine. En général, il est plus intéressé à communiquer quelque chose sur la dynamique de lutte et d'acharnement qui existe entre les hommes que par le juste rendu anatomique. En fait, vu que ses autoportraits nous montrent qu'il était capable de plus de réalisme, on peut conclure que dans ces cas précis, il utilisait la lourdeur des corps un peu comme il utilisait les perspectives

His vocation is indicated through his pan and pick; his situation as a long-time prospector is described in his well-worn appearance. Again, Hind builds an extremely shallow setting – a landscape that rises like a perpendicular wall with only one small spot of sky for visual relief. The surface is dense with miniscule brushwork, creating a dark and busy patterning of vegetation. This density is carefully balanced by the smooth reflective water and glowing surfaces of sun-baked boulders. Hind's pairing of the determined miner with the awe-inspiring richness of the landscape symbolizes the glowing promise of British Columbia to those who have the strength to be a part of its taming.

In *Miners in the Leather Pass, Rocky Mountains* (cat. 46) Hind further explores the psyche of the miner by applying his unique combination of didacticism, narrative, wry humour, and unexpected elements. Here we have two miners, but we are unsure of whether they are two distinct men or two views of the same man – a dual portrait, as it were. The main figure stands in profile leaning against the rock wall, arms and legs crossed, smoking contemplatively as he overlooks the valley from where he presumably just climbed. The secondary figure represents another one of Hind's fabulous idiosyncrasies, lending to an otherwise serious scene a bit of uncertainty – humour even. Similar to the hair-washing figure in the saloon scene, this figure is not essential to the composition, but in a way provides us with more information. He demonstrates how the heavy pack that is displayed in the foreground is worn on the back and lugged up the mountainside. Cut off at the knees and unmoving in his arms, the secondary figure appears to our eyes as if he were slowly rising up an escalator. A similar humorous depiction is present in *Miner, Rocky Mountains* (cat. 45), where an aged miner strides up a steep mountainside with his arms hanging limply at his sides as if it were an effortless and automatic activity.

This tongue-in-cheek attitude consistently separates Hind's work from his contemporaries and saves them

exagérées, en tant que moyen d'expression.

Un grand nombre de ces œuvres nous donnent un aperçu de la mentalité du mineur. *À la recherche d'or alluvionnaire en Colombie-Britannique* (n° 47 du cat.), toile brillante, éclaboussée de reflets de lumière et de coloris intenses, se comprend à plusieurs niveaux. Hind dessine le procédé du lavage de l'or. Le prospecteur solitaire est assis sur la rive, laissant l'eau s'écouler lentement de sa batée pour y découvrir la chimérique paillette. Son attirail (couverture, tasse, pipe et pioche) est décrit avec une précision et une qualité de surface quasi photographiques, comme s'il faisait partie d'une exposition. On est amenés à comprendre non seulement l'information sur le procédé mais aussi sur les circonstances; ces objets sont probablement tout ce que le mineur fatigué et dépenaillé possède sur cette terre. Le fait que l'artiste l'ait situé tout seul sur la pointe de terre entourée de pentes escarpées crée une compression assez rare dans la peinture canadienne de paysage. Il souligne la claustrophobie de l'environnement montagnard et le désespoir des mineurs qui en restent prisonniers tant qu'ils n'ont pas gagné assez d'argent pour se payer le retour chez eux. Ce tableau ne fait cependant pas que raconter une histoire; il est aussi très réussi sur le plan esthétique. L'utilisation subtile de la couleur par l'artiste lui donne de la vie; le rouge de la couverture du prospecteur crée un triangle fort qui sert à la fois de toile de fond efficace au personnage et de contraste à la gamme des verts de la forêt. La ligne du dos du mineur, de sa jambe, de la couverture et du manche de la pioche créent un équilibre calculé avec les diagonales qui coupent le flanc de la montagne. Cette harmonie dans l'agencement des traits égaie nombre de ses scènes montagnardes, prouvant que même s'il s'écarte des conventions traditionnelles de son temps, Hind n'en reste pas moins sensible à faire que ses œuvres dépassent le niveau de la simple narration.

De même, *Orpailleur, C.-B.* (n° 48 du cat.) mêle d'intéressantes qualités formelles à un aperçu narratif de l'isolement du mineur. Ici, on voit une figure solitaire monter une rive escarpée depuis la rivière glacée. Cet homme vu de dos n'est pas identifié mais on apprend à le connaître grâce à certains détails du tableau. Sa batée et sa pioche nous révèlent son

from adopting melodrama, even in the most iconic of representations of the "every-miner." *Miners in the Leather Pass, Rocky Mountains* is an image simultaneously full of hope and trepidation. This miner, like all who dared, was willing to leave everything behind for the promise of something better. It is a positive image, forward looking, and radiating the optimistic attitude that for the most part emanates from all of Hind's works. This optimism closely parallels his brother's written words about the great future for Canada in British Columbia: "Such an extent of country, and having such resources of gold, silver, and other metals, and a large quantity of agricultural and pastoral land, is *an empire*, and will require a large population *even to explore* it thoroughly…the gold field of British Columbia is practically, illimitable, and its wealth inexhaustible."[35]

III. Manitoba, 1870-1871

By summer 1870 William Hind was back in Fort Garry, by then renamed Winnipeg. He wrote to his brother in September, "Dear Henry, I have just received your letter of Aug 16th. I am not among the Buffalo, but am living in the town of Winnipeg. …"[36] Presumably he retraced a similar route through the mountains and across the prairies to return to the original 1862 staging point of the Overlander route; however, details about the return trip have not yet been uncovered.[37] Because he seems to be writing for the first time since arriving in Winnipeg, it appears that he had not been there for long. Logically, Hind would have left the coast in spring and arrived on the eastern side of the prairies later that summer.

His letter represents a rare first-hand account of some of the dramatic events of 1870. That summer Manitoba joined Confederation and had a population hovering around 11,000, with 90 percent of the people being of Aboriginal descent, mostly Metis. Winnipeg, however, was still very small with approximately 300 inhabitants. The

métier et ses vêtements usés jusqu'à la corde nous disent qu'il s'agit d'un prospecteur de longue date. Là encore, Hind construit un cadre très peu profond, un paysage qui s'élève en une paroi verticale avec un petit coin de ciel pour soulager le regard. La surface est couverte de touches minuscules, qui créent un entrelac sombre de végétation. Cette densité trouve un équilibre mesuré dans le reflet lisse de l'eau et l'éclat des rochers chauffés par le soleil. Le fait que Hind juxtapose la détermination du prospecteur et l'extraordinaire luxuriance du paysage symbolise les richesses prometteuses de la Colombie-Britannique pour ceux qui auraient le courage de l'apprivoiser.

Dans *Mineurs au col Leather, montagnes Rocheuses* (n⁰ 46 du cat.), Hind pousse plus loin son exploration de la mentalité du prospecteur en appliquant son amalgame unique de didactisme, de narration, d'humour à froid et d'éléments inattendus. Ici, nous voyons deux mineurs, mais nous ne savons pas très bien s'il s'agit de deux hommes différents ou de deux images du même homme – un double portrait pour ainsi dire. La figure principale est vue debout de profil, appuyée contre la paroi rocheuse, bras et jambes croisés, en train de fumer, l'air contemplatif, surplomblant du regard la vallée d'où elle vient probablement de monter. La figure secondaire illustre encore une fois la manière qu'a Hind de voir les choses, ajoutant une touche de flou, voire d'humour, à une scène qui serait autrement sérieuse. Tout comme le personnage qui se lavait les cheveux dans la scène du saloon, cette figure n'est pas essentielle à la composition, mais d' une certaine façon, elle nous renseigne. Elle montre comment l'homme portait sur le dos le gros sac que l'on voit au premier-plan pour gravir péniblement la montagne. Coupée aux genoux et les bras immobiles, la figure secondaire apparaît à nos yeux comme si elle s'élevait lentement sur un escalier roulant. Une description également humoristique se retrouve dans *Mineur, montagnes Rocheuses* (n⁰ 45 du cat.), où un vieux prospecteur monte à grands pas le flanc escarpé d'une montagne, les bras tombant mollement comme s'il s'agissait d'un mouvement automatique, qui ne requiert aucun effort.

Cette ironie fine démarque constamment l'œuvre de Hind de celui de ses contemporains et l'empêche de verser dans le mélodrame, même dans la représentation consacrée du

political situation was tense as many questions remained about the future of the region that for so long had been governed by the HBC. The Metis and other Aboriginal populations were deeply concerned about the surveying and settlement of prairie land. In response to this frustrating situation, and to block the installation of a Governor, Louis Riel had taken over the Fort late the previous year and set up a provisional government. The Canadian government sent troops from the Ontario Rifles (known as the Wolseley expedition) to settle the dispute and preserve Imperialist interests. By the time they arrived on August 24, 1870, Riel had vacated the Fort. In his letter to Henry, William described witnessing the arrival of the troops:

> The Canadian Expedition has arrived and the Governor. The entrance of the British troops was quite an affair. They came up the river in the boats, to within about 6 miles of the Fort, camped, and marched in the following morning. The following morning as well as the previous night being a regular damper raining like blazes. The troops consisting of 60 rifles, artillery with two guns and a few engineers marched to the Fort outside of the town, the staff riding through it. When the troops got within half a mile or so of the Fort, they threw out skirmishers and advanced in form of battle: but there was no fight, for all the french had cleared out of the Fort. The troops then marched into the Fort, hoisted the Union Jack and dragged all the canons out of the Fort in front fired a salute, with cheers, etc...

> The Ontario Battalion seems to be a firm body of men. Archibald has held a levee and everything is gradually arranging itself to a new state of things.[38]

Since his last visit to the area, Winnipeg had grown from its focus around Fort Garry, the HBC post, to a commercial centre with several businesses around the

«prospecteur type». *Mineurs au col Leather, montagnes Rocheuses* est une image où se mêlent un immense espoir et une vive excitation. Ce prospecteur, comme tous ceux qui s'aventuraient dans la région, était prêt à tout laisser derrière lui pour la promesse d'une vie meilleure. C'est une image positive, tournée vers l'avenir, irradiant de l'optimisme qui émane de presque toutes les œuvres de Hind. Cette attitude fait très précisément écho à ce qu'écrivait son frère sur les grandes perspectives d'avenir offertes au Canada par la Colombie-Britannique: «Une étendue de pays si vaste, et où se trouvent des ressources telles que l'or, l'argent et d'autres métaux, ainsi qu'une grande quantité de terres pour l'agriculture et l'élevage, représente *un empire*, et il lui faudra une vaste population *ne serait-ce que pour l'explorer* à fond... le champ aurifère de Colombie-Britannique est pratiquement sans limites, et ses richesses inépuisables[35].»

III. Le Manitoba (1870-1871)

À l'été de 1870, William Hind était de retour à Fort Garry, qui était devenu Winnipeg. En septembre, il écrivait à son frère: «Cher Henry, je viens juste de recevoir ta lettre du 16 août. Je ne me trouve pas parmi les bisons, mais je vis dans la ville de Winnipeg[36]. ...» Il revint vraisemblablement sur ses pas en traversant les montagnes et les Prairies pour aboutir au même point de départ que celui des Overlanders; on ne connaît cependant toujours pas les détails du voyage de retour[37]. Vu qu'il semble écrire pour la première fois depuis son arrivée à Winnipeg, il ne devait pas s'y trouver depuis bien longtemps. En toute logique, Hind aurait quitté la côte au printemps et serait arrivé dans l'est des Prairies vers la fin de l'été.

Sa lettre représente un des rares témoignages écrits de plusieurs événements dramatiques de 1870. Cet été-là, le Manitoba était entré dans la Confédération et sa population tournait autour de onze mille habitants, dont quatre-vingt-dix pour cent étaient d'ascendance autochtone, Métis pour la plupart. Mais Winnipeg était encore une toute petite ville, d'environ trois cents âmes. La situation politique était tendue

present-day downtown at Portage and Main. Hind's painting *Winnipeg, Manitoba* (cat. 67) depicts this situation clearly. In the background, the commercial buildings of the town are laid out.[39] In the right foreground, John MacTavish, the HBC Chief Factor, rides a carriage south from town toward the Fort, which is at the artist's back. Hind's image of the blanketed Aboriginal figures on the left clearly highlights the tension and bleak inequality of power in the region without resorting to pathos. The shift in economy away from hunting towards farm settlement threatened to displace the Aboriginal population from their lands and left them with few economic opportunities. Always attuned to the animals in his depictions, Hind uses the horses to make the contrast between the inhabitants utterly clear. MacTavish's horse trots along jauntily, head up, tail flying, while the tethered horse stands bleakly with head down and stomach distended.

In his letter, Hind described the situation that from his viewpoint was decidedly promising in terms of Canada expanding its control into the West:

> There is a decided predominance of Canada prevailing now as might have been expected. The french people making themselves scarce at present in and around our town.
> Dawson is here, and I believe intends completing the road to Lake of the Woods. I have not seen him yet; he is taking up his quarters at Andrew McDermot's house.

With the completion of the Dawson Road between Winnipeg and Lake of the Woods, the route between Eastern Canada and the West was becoming much more accessible. This road represented one of the critical links (the railway being the other) that Henry Hind had championed more than a decade earlier following his two western expeditions. It is interesting that brother William is there to witness its realization.

William continues to outline his situation:

alors que bien des questions restaient en suspens au sujet de l'avenir de la région restée si longtemps sous le joug de la CBH. L'arpentage et la colonisation des terres de la prairie inquiétaient au plus haut point Métis et Autochtones. En réponse à cette situation frustrante, de même que pour empêcher l'installation d'un Gouverneur, Louis Riel avait pris le Fort à la fin de l'année précédente et installé un gouvernement provisoire. Le gouvernement canadien envoya des troupes venant des Ontario Rifles (l'expédition Wolseley) pour trancher le différend et préserver les intérêts de l'Empire. Avant qu'elles atteignent Winnipeg le 24 août 1870, Riel avait évacué le Fort. Dans sa lettre à Henry, William décrit l'arrivée des troupes telle qu'il l'a vécue:

> L'expédition canadienne est arrivée ainsi que le Gouverneur. L'entrée des troupes britanniques a été tout un événement. Ils ont remonté la rivière en bateau jusqu'à environ 6 miles du Fort où ils ont campé, puis ils sont entrés au pas le lendemain matin. Le lendemain matin comme la veille au soir, c'était le déluge, il pleuvait à boire debout. Les troupes formées de 60 fusiliers, de l'artillerie avec deux canons et de quelques officiers du génie se sont dirigées vers le Fort à l'extérieur de la ville, l'état-major à cheval. Quand les troupes sont arrivées à environ un demi-mile du Fort, elles ont lancé des embuscades et se sont mises à avancer en formation de combat: mais il n'y a pas eu de bataille, car tous les Français s'étaient sauvés du Fort. Les troupes y sont alors entrées au pas, elles ont hissé l'Union Jack et ont traîné tous les canons à l'extérieur pour tirer une salve, avec acclamations, etc.

> Le bataillon de l'Ontario semble être composé d'hommes costauds. Archibald a donné une réception et tout semble trouver naturellement sa place dans cette nouvelle situation[38].

Depuis la dernière visite de Hind dans la région, Winnipeg avait grandi à partir de son noyau situé autour de Fort Garry, le poste de la CBH, jusqu'à devenir un centre commercial doté de

... I have not received your last letter. In fact I have not received anything since your letter of Sept 7th 1870 (sic) in which you state that you have sent for me $100 to McDermot, by the Hudson Bay Company. I have not received the $100 and McDermot has not heard anything about it as yet.

I have made about half a dozen sketches, which I have sold to the Officers of the British troops. The sketches are of Fort Garry with the Camp, Hunters' camp. etc…

I don't see the Illus. London News here, so I have not had the pleasure of seeing my sketches. Perhaps you might send me a paper containing them.

I am not sure what I shall do this winter, perhaps, stay in the town.

Remember me to all at home and Believe me

Your Affect. Brother
W.G.R. Hind.

The artist did indeed remain in Manitoba from late summer 1870 until the spring of 1871 at the earliest, judging from the seasons depicted in his paintings. Perhaps Hind headed further east as soon as he received the money to continue travelling. By the early 1870s, William joined his brother on the east coast of Canada where Henry had settled and where William would spend the last two decades of his life.[40] (See cat. 11-16 for examples of his paintings following his return from the West.)

Considering the short period he resided in Manitoba, he produced a surprising number of paintings of life in the new province. It appears that William wandered around the outskirts of the city to record activities that would

plusieurs entreprises situées aux environs du centre-ville actuel à l'intersection de Portage et de Main. Le tableau de Hind intitulé *Winnipeg, Manitoba* (nº 67 du cat.) dépeint la situation avec netteté. En arrière-plan sont disposées les bâtisses commerciales de la ville[39]. Au premier plan à droite, John MacTavish, commandant de la CBH, conduit une voiture à cheval vers le sud de la ville en direction du Fort qui se trouve en arrière du peintre. À gauche, l'image que donne Hind des figures autochtones sous leurs couvertures souligne très nettement la tension et la sinistre inégalité de pouvoir dans la région, sans pour autant recourir au pathétique. Le passage de l'économie de la chasse à la colonisation agricole menaçait de déraciner la population autochtone et de la laisser sans avenir économique. Toujours habitué à inclure des animaux dans ses images, Hind se sert des chevaux pour bien marquer le contraste entre les habitants. Le cheval de MacTavish trotte fièrement, tête levée et queue au vent, tandis que le cheval attaché se tient debout tristement, la tête basse et le ventre relâché.

Dans sa lettre, Hind décrit la situation qui, selon lui, était véritablement prometteuse en ce qui concerne l'expansion vers l'Ouest du contrôle du Canada:

> Il y a actuellement une prédominance du Canada bien marquée, comme on aurait pu s'y attendre.
> Les Français se font rares en ce moment dans la ville et aux alentours. Dawson est ici, et je crois qu'il a l'intention de terminer la route du lac des Bois. Je ne l'ai pas encore aperçu; il a installé ses pénates dans la maison d'Andrew McDermot.

Avec l'achèvement de la route Dawson reliant Winnipeg au lac des Bois, le chemin entre l'est du Canada et l'Ouest était devenu beaucoup plus accessible. Cette route représentait un des liens critiques (l'autre étant le chemin de fer) dont Henry Hind s'était fait le champion plus de dix ans auparavant, à la suite de ses deux expéditions dans l'Ouest. Il est intéressant de noter que son frère William était là pour être témoin de sa réalisation.

William poursuit en décrivant sa situation:

represent typical aspects of contemporary prairie life. His choices continue to reflect a combination of novel imagery to appeal to Victorian popular taste, as well as scenes of progress that would reflect the positive effects of expansion. Numerous works depict the wagon trains bringing in settlers and supplies. Others show new roads cutting across the prairies past settlers' homes, where eight years earlier there were little more than footpaths (cat. 70-76).

Despite Hind mentioning that the "french" (meaning Metis) were making themselves scarce around town, it is the Metis people that he seeks out to paint while living in Manitoba. Most works depict the Metis as anonymous, such as *Ox with Red River Cart* (cat. 76), *Lumbering Scene with Two Figure and Ox-Drawn Red River Cart in Winter* (cat. 85), *Dog-Train, Manitoba* (cat. 88), and *Breaking a Road in Manitobah* (cat. 92). However, in *Metis Making Wheel for Red River Cart, Manitoba* (cat. 77), the figure is seated facing us, stuffing his pipe during a break from his labours. Upon first analysis, it appears that Hind's approach to the subject is primarily informative; he surrounds the man with precisely described accoutrements of the Red River cart fabrication. He articulates the finished wheel hanging on the wall and the work in progress – completed sections on the ground in the midst of wood shavings obviously created by the hand plane resting on the table. However, his focus on the Red River cart as subject in many of these paintings also suggests a symbolic meaning to his paintings. Characteristic of the region, these carts came to symbolize the early days of settlement on the prairies. Completely fabricated from wood, they were easily repaired on long treks and could ford shallow prairie streams and sloughs. They could also be easily dismantled for floating across larger rivers as he demonstrates in the painting *Manitoba River Scene* (cat. 78). Having relied on these carts for his trek across the prairies in 1862, Hind was fully aware of their significance. In *Metis Making Wheel for Red River Cart, Manitoba*, the talented fabricator of the cart is relaxed and self-confident in his occupation. His demeanor and

... Je n'ai pas reçu ta dernière lettre. En fait, je n'ai rien reçu depuis ta lettre du 7 sept. 1870 [sic] dans laquelle tu me dis avoir envoyé 100 $ pour moi à McDermot, par l'entremise de la Compagnie de la Baie d'Hudson. Je n'ai pas reçu les 100 $ et, à l'heure qu'il est, McDermot n'en a pas entendu parler.

J'ai fait à peu près une demi-douzaine de croquis, que j'ai vendus aux Officiers des troupes britanniques. Les croquis sont de Fort Garry avec le camp, celui des chasseurs. etc.

Je ne trouve pas d'Illustr. London News ici, et je n'ai donc pas eu le plaisir d'y voir mes croquis. Peut-être que tu pourrais m'envoyer un journal où ils sont imprimés. Je ne suis pas sûr de ce que je vais faire cet hiver, peut-être rester dans la ville.

Rappelle-moi au bon souvenir de tous à la maison et veuille croire que je reste

Ton frère affectionné
W. G. R. Hind.

Le peintre resta en fait au Manitoba de la fin de l'été de 1870 au moins jusqu'au printemps de 1871, si l'on se fie aux saisons représentées dans ses tableaux. Peut-être qu'il continua vers l'est dès qu'il reçut l'argent pour poursuivre son voyage. Au début des années 70, il rejoignit son frère Henry sur la côte est du Canada où ce dernier s'était établi et où lui-même allait passer les vingt dernières années de sa vie[40]. (Voir n°s 11-16 du cat. pour des exemples de ses tableaux réalisés après son retour de l'Ouest.)

Vu la brièveté de son séjour au Manitoba, Hind réalisa un nombre surprenant de scènes de la vie dans la nouvelle province. Il se promenait sans doute dans les environs de la ville pour documenter des activités qui devaient représenter des facettes typiques du quotidien de l'époque dans les Prairies. Ses choix continuent de refléter un mélange d'images inédites visant à

relationship to the ubiquitous Red River cart set him up as a portrait of self-sufficiency and symbol of the ingenuity of those living in the West. Such an image would have been suitable for any number of print venues, from articles in newspapers to Henry Hind's proposed *Dominion of Canada*, which aimed to represent the unique aspects of the various regions.

Furthermore, this work is also formally compelling. It applies the appealing compositional compression seen in numerous mountain paintings to a prairie subject. The figure is so close to the picture plane that his foot is cut off at the bottom edge. He is hemmed in by the corner of the building, the background wall of brush, and the ground, which unnaturally tilts up toward the picture plane. Here the compression is a conscious choice rather than merely related to the imposing geography of the mountains, as might be interpreted in some of his British Columbia scenes. Another case of a severe tilting up of the ground is *Duck Shooting* (cat. 80), where Hind applies an unexpected angle to present as much information as possible about the unique camouflage tactics used by Aboriginal hunters on the prairies. The figure is depicted as if Hind is at the same level as the hunter, directly behind by a few paces. The ground tilts illogically up toward the viewer to effectively display the details of vegetation and unwary waterfowl, much like one sees in many types of popular illustrations of the day.[41]

Similarly, in *Ox with Red River Cart* (cat. 76), the striking viewpoint allows Hind to achieve his multiple purposes, combining didacticism, and suggested propagandistic messages, with expressive and aesthetic concerns. The Metis driver rides his cart across the painting, close and exactly parallel to the picture plane. This close view gives us access to exacting information about elements such as the ox's coat, the driver's sash, and the mechanics and surface quality of the cart. Much like a frieze, the shallow passage of the cart lends an iconic status to the image of the ubiquitous ox cart – the prime movers of people and supplies throughout the prairies. At the same

satisfaire le goût populaire victorien, et de scènes de progrès qui devaient refléter les effets positifs de l'expansion. Maintes œuvres dépeignent les convois de chariots qui acheminaient les colons et le ravitaillement. D'autres montrent de nouvelles routes qui traversent les Prairies en passant devant des maisons de colons, où huit ans plus tôt il n'y avait pratiquement rien d'autre que des sentiers (nos 70-76 du cat.).

Bien que Hind écrive que les «Français» (voulant dire Métis) se faisaient rares en ville, c'est en fait les Métis qu'il cherche à peindre quand il vit au Manitoba. La plupart des œuvres les montrent comme des personnages anonymes, ainsi dans *Bœufs avec charrette de la rivière Rouge* (no 76 du cat.), *Scène de bûcheronnage en hiver avec deux figures et charrette de la rivière Rouge tirée par un bœuf* (no 85 du cat.), *Attelage de chiens, Manitoba* (no 88 du cat.), et *Ouverture de la route au Manitoba* (no 92 du cat.). Cependant, dans *Métis fabriquant une roue pour une charrette de la rivière Rouge, Manitoba* (no 77 du cat.), le personnage assis nous fait face, bourrant sa pipe durant une pause au milieu de son travail. Il semble à première vue que Hind aborde son sujet surtout sur le mode informatif; il entoure l'homme de l'attirail servant à la fabrication de la charrette de la rivière Rouge et il le décrit avec beaucoup de précision. Il met en évidence la roue complètement finie, accrochée au mur, et le travail en cours, c'est-à-dire des sections achevées, posées sur le sol au milieu de copeaux de bois produits visiblement par le rabot placé sur la table. Mais sa prédilection pour la charrette de la rivière Rouge en tant que sujet dans nombre de ces tableaux suggère aussi qu'ils ont une signification symbolique. Ces véhicules propres à la région devinrent l'emblème des débuts de la colonisation dans les Prairies. Entièrement faites en bois, elles étaient faciles à réparer durant les longs périples et elles pouvaient franchir cours d'eau peu profonds et marécages. On pouvait aussi les démonter aisément pour les faire flotter et traverser de larges rivières, comme le montre l'artiste dans le tableau *Scène de rivière au Manitoba* (no 78 du cat.). Après avoir compté sur ces charrettes pour son périple de 1862 au travers des Prairies, Hind était bien conscient de leur importance. Dans *Métis fabriquant une roue pour une charrette de la rivière Rouge,*

time, it is an aesthetically pleasing painting with the lovely contrast of the red and white ox moving across the lush greenery of the prairie landscape.

It is interesting that all of these compelling works are actually very small in size. Hind's unconventional viewpoints, striking colouration, and ability to give the impression of microscopic detail allow them to come across as monumental. In *Breaking a Road in Manitobah* (cat. 92), this effect is obvious. Out of the bleak landscape, the image rises up dramatically. The Metis driver with his back to us stands on the cutter; his arm is in motion to whip the horse that rears up in its effort to break through the heavy snow. Hind formulates this image in such a way that we are drawn to it on many levels. Despite its diminutive size, it is able to stand up as a symbol of the monumental struggle that is involved in survival in the harsh prairie climate.

Duck Hunting on the Prairies with an Emigrant Wagon Train in the Distance (cat. 91) encapsulates Hind's ideological and aesthetic approach to the West. In this brilliantly coloured watercolour, Hind lays out a detailed prairie scene using his characteristic exacting yet economical brushstrokes that give the impression of more detail than he actually presents. In this painting, a hunter, laden with a belt of dead fowl, shoots a duck out of the sky. The puff of smoke hangs in the air as he walks away from us across a lush carpet of early summer flowers. The prairie rises up beyond him to reveal a wagon train of settlers making their way west. It is an idyllic vision of promise – a man at home in nature, surviving off the bounty of the fertile prairies, much as Henry Hind had predicted the "fertile belt" would be in his report to the government following his two western expeditions. The only hint of complication is the Metis horsemen who cut across the midground between the hunter and settlers. Certainly, Hind, who often depicted the Metis, was fully aware of their struggle to hold on to their lifestyle in Canada's first western province. Through this painting, Hind presents his vision of the West as open to opportunity, while acknowledging

Manitoba, l'habile artisan paraît détendu dans l'exercice de son métier. Par son comportement et son rapport avec l'omniprésente charrette, il incarne la confiance en soi et symbolise l'ingéniosité des habitants de l'Ouest. Une telle image aurait pu paraître sous bien des formes imprimées, depuis les articles de journaux jusqu'au *Dominion of Canada* proposé par Henry Hind, qui visaient à faire connaître ce qu'il y avait d'unique dans les diverses régions.

Qui plus est, cette œuvre exerce un attrait indéniable sur le plan formel. Elle applique à un sujet de la prairie l'agréable compression dans la composition que l'on voit dans maintes peintures de montagne. La figure est si près du plan pictural que son pied est coupé au bord inférieur. Elle est encadrée par le coin du bâtiment, le mur de broussailles en arrière-plan et le sol, qui est anormalement incliné vers le plan pictural. Ici, la compression est un choix délibéré plutôt qu'un simple rappel de la géographie imposante des montagnes, comme on pourrait le comprendre dans certaines de ses scènes de Colombie-Britannique. Un autre cas de déclivité excessive du sol est *Chasse au canard* (no 80 du cat.), où Hind crée un angle insolite pour présenter le maximum d'information sur les tactiques de camouflage particulières aux chasseurs autochtones des Prairies. La figure est dépeinte comme si l'artiste était au même niveau que le chasseur, à seulement quelques pas en arrière. Contre toute logique, le sol s'incline vers l'observateur pour exposer de façon efficace les détails de la végétation et du gibier d'eau inconscient du danger, comme on peut le voir dans diverses illustrations populaires de l'époque[41].

De même, dans *Bœufs avec charrette de la rivière Rouge* (no 76 du cat.), la perspective frappante permet à Hind d'atteindre ses multiples objectifs, combinant le didactisme – et les messages de propagande qu'il suggère – avec des préoccupations d'ordre expressif et esthétique. Le Métis traverse le tableau en conduisant sa charrette parallèlement au plan pictural dont il reste très proche. Cette vue de près nous donne accès à des renseignements précis concernant des éléments tels que le pelage du bœuf, la ceinture du conducteur ainsi que la construction et le fini de la charrette. Un peu à la manière d'une frise, le passage sans profondeur du véhicule confère le statut d'icône à l'image de l'omniprésente charrette à bœufs – grâce à laquelle était

an awareness of displacement as the cost of expansionism.

This painting, like much of William Hind's western oeuvre, appears completely new and fresh in its amalgamation of various inspirations of his day. Hind formulated a unique vision by uniting aspects related to the Victorian ideological approach to the frontier, expedition art, illustration, and his own aesthetic sensibility. With formal qualities usually only found in illustration presented in the genre of painting, his works are imbued with an unexpected sensation – an otherness – not quite like anything seen before. This heightened "unreality" in conjunction with an exaggerated realism, formed through intense colour, clear atmosphere, and adept brushwork, sets his paintings apart. He has been deemed an outsider because his work does not fit perfectly into any one category. However, this view of him is changing as we gain insight into his intentions. It appears that Hind was not aiming exclusively at fine art exhibition, but rather had his sights set on opportunities of the illustrated press. If we recognize that his paintings were intended for collaborative illustrated projects associated with his brother's promotion of the West, we see that William Hind is neither an outsider nor a loner. Rather, he was involved in the most cutting edge media of the day. Furthermore, he was using it to tap into the current thinking around the development of the vast western frontier – in his own way, he was contributing to building the new country that both he and Henry had adopted as home. ■

assuré dans les Prairies le transport des gens et du ravitaillement. En même temps, ce tableau procure un plaisir esthétique avec l'agréable contraste du rouge et blanc de la robe du bœuf qui tranche sur le vert luxuriant de la prairie.

Un point intéressant est que ces œuvres attrayantes sont en réalité toutes de dimensions très modestes. Les perspectives peu banales de Hind, ses coloris vifs et sa capacité à donner une impression de détails microscopiques font qu'elles peuvent être perçues comme monumentales. Dans *Ouverture de la route au Manitoba* (no 92 du cat.), l'effet est évident. L'image se révèle de façon dramatique sur le paysage lugubre. On voit le conducteur métis de dos, debout sur son traîneau, le bras s'apprêtant à fouetter le cheval qui rue dans un effort pour se frayer un chemin à travers la neige profonde. Hind construit son image de telle façon que nous sommes attirés par elle à plusieurs niveaux. Bien que petit, le tableau réussit à symboliser la lutte colossale qu'il faut mener pour survivre dans le climat hostile de la prairie.

Chasse au canard dans les Prairies avec, au loin, un convoi de chariots d'émigrants (no 91 du cat.) résume l'approche idéologique et esthétique de Hind vis-à-vis de l'Ouest. Dans cette aquarelle aux couleurs éclatantes, il présente une scène particulière de la prairie en recourant à ses traits de pinceau caractéristiques, exacts et comptés, qui font croire à une abondance de détails. Dans ce tableau, un chasseur, la ceinture chargée de gibier, tire sur un canard dans le ciel. Le nuage de fumée reste suspendu en l'air tandis que le personnage s'éloigne de nous en traversant un luxuriant tapis de fleurs de début d'été. La prairie s'élève derrière lui pour révéler un convoi de chariots de colons en route vers l'ouest. C'est la vision idyllique d'une promesse – un homme chez lui dans la nature, vivant de la générosité de la prairie, tout comme Henry Hind l'avait prédit quand il parlait de la «ceinture fertile» dans son rapport officiel suite à ses deux expéditions dans l'Ouest. Le seul indice que tout n'est pas parfait est donné par les cavaliers métis qui traversent le milieu du tableau entre le chasseur et les colons. Nul doute que Hind, qui dépeignait souvent les Métis, était pleinement conscient de leur lutte visant à conserver leur mode de vie dans la première province

de l'Ouest du Canada. Dans ce tableau, l'artiste présente sa vision de l'Ouest comme une région ouverte aux possibilités, tout en reconnaissant que l'expansionnisme se fait au coût du déplacement des personnes.

Ce tableau, comme bien d'autres que William Hind réalisa dans l'Ouest, semble totalement inédit et plein de fraîcheur dans cet amalgame qu'il nous offre de diverses inspirations de l'époque. Hind exprima sa vision très personnelle en unissant des aspects reliés à l'approche idéologique victorienne du front pionnier, à l'art d'expédition, à l'illustration et à sa propre sensibilité esthétique. Avec des qualités formelles souvent associées exclusivement à l'illustration, maintenant présentées dans le genre de la peinture, ses œuvres donnent une impression d'inattendu – de quelque chose de différent – qui ne ressemble en rien à ce qu'on avait vu jusque-là. Cette «irréalité» exacerbée jointe à un réalisme exagéré, formé par l'intensité des couleurs, la limpidité de l'atmosphère et une touche experte, démarquent ses tableaux. On l'a considéré comme un indépendant parce qu'on ne peut faire entrer son œuvre parfaitement dans aucune catégorie. Cette perception est toutefois en train de changer, maintenant que l'on comprend mieux quelles étaient ses intentions. Il semble que Hind ne visait pas seulement les expositions de beaux-arts, mais qu'il avait aussi en vue les ouvertures qu'offrait la presse illustrée. Si l'on admet que ses tableaux devaient servir à des projets d'illustration réalisés en collaboration avec son frère Henry et avaient un lien avec la promotion de l'Ouest que faisait ce dernier, on voit que William Hind n'est ni un indépendant ni un solitaire. Il était plutôt engagé dans les médias les plus à l'avant-garde de son temps. Et, qui plus est, il s'en servait pour puiser dans la pensée courante sur le développement des vastes étendues vierges de l'Ouest. À sa façon, il contribuait à édifier le nouveau pays que, à l'instar de son frère Henry, il avait adopté. ■

NOTES

1. See Gilbert Gignac's essay "New Resonance from William Hind" for a fuller discussion of the *Prospectus* and other possible illustrated collaborations planned by the Hind brothers.

2. For discussion of artists in Western Canada, see Christopher E. Jackson, *With Lens and Brush: Images of The Western Canadian Landscape 1845-1890*, Calgary: Glenbow Museum, 1989; Virginia Berry, *A Boundless Horizon: Visual Records of Exploration and Settlement in the Manitoba Region 1624-1874*, Winnipeg: The Winnipeg Art Gallery, 1983; Victoria Dickenson, *First Impressions: European Views of the Natural History of Canada from the 16th to the 19th Century*, Kingston: Agnes Etherington Art Centre, 1992.

3. *Sketches in North America and the Oregon Territory, by Captain H. Warre, A.D.C. to the late Commander of the Forces* included an account of his travels and 20 coloured lithographs based on some of his paintings. His images reflecting the curiosities of the frontier, a sense of humour, and a keen awareness of narrative, suggest his intentions from the outset were to publish an illustrated account.

4. See Gilbert Gignac's discussion of Hind's watercolours related to the Red River expeditions.

5. Lovell, p. 3.

6. See Jackson, p. 75. Jackson discusses how 19th century engravers commonly had a "levelling effect" on the original drawings of the West, tending to tone down original or awkward images to appeal to popular taste. In making this point, Jackson compares Hind's *Jasper House* painting to the Milton and Cheadle illustration.

7. The possibility that Hind copied Milton and Cheadle is not out of the question, considering that he had established himself as a copyist with his 1859 watercolours based on the work of John Fleming. However, this is unlikely, given the number of other paintings that he did of this nature that in no way relate to any other known illustration.

8. "People of Red River" and "To Red River and Beyond" appear in *Harper's Monthly* in 1859 and 1860-61 respectively.

9. It is significant to note that Henry was involved in getting William's drawings published. He hand-delivered them to the *Illustrated London News* offices. "The Editor presents his compliments to Mr. Henry Hind, and begs to say that he will be happy to pay two guineas each for the North American sketches left by him..." Letter to Mr. Henry Hind, from *Illustrated London News*, May 6th, 1870, M512 File, Toronto Public Library (T.R.L.).

NOTES

1. Pour une discussion plus complète du *Prospectus* et d'autres projets d'illustrations éventuels planifiés par les frères Hind, voir l'essai de Gilbert Gignac «Au diapason de William Hind».

2. Pour une discussion de la présence des artistes dans l'Ouest canadien, voir Christopher E. Jackson, *Objectif et coup de pinceau: paysages de l'Ouest canadien de 1845 à 1890*, Calgary, musée Glenbow, 1989; Virginia Berry, *A Boundless Horizon: Visuals Records of Exploration and Settlement in the Manitoba Region 1624-1874*, Winnipeg, Musée des beaux-arts de Winnipeg, 1983; Victoria Dickenson, *Premiers regards: Impressions européennes de l'histoire naturelle au Canada du 16e au 19e siècle*, Kingston, Agnes Etherington Art Centre, 1992.

3. *Sketches in North America and the Oregon Territory, by Captain H. Warre, A.D.C. to the late Commander of the Forces*, qui comprenait un récit de ses voyages et vingt lithographies en couleurs d'après certains de ses tableaux. Ses images qui reflètent les curiosités des terres vierges, son sens de l'humour et ses dons de narrateur suggèrent qu'il avait l'intention, dès le départ, de publier un récit illustré.

4. Voir la discussion de Gilbert Gignac concernant les aquarelles de Hind reliées aux expéditions de la rivière Rouge.

5. Lovell, p. 3.

6. Voir Jackson, p. 74. Jackson discute de la façon dont les graveurs du XIXe siècle avaient souvent un «effet de nivellement» sur les dessins originaux de l'Ouest, tendant à estomper l'étrangeté ou la maladresse des images pour répondre au goût du public. En soulevant cette question, Jackson compare le tableau *Jasper House* de Hind à l'illustration de Milton et Cheadle.

7. La possibilité que Hind copia Milton et Cheadle ne peut être écartée, si l'on tient compte qu'il s'était déjà établi comme copiste avec ses aquarelles de 1859 réalisées d'après les dessins de John Fleming. Elle reste toutefois assez improbable vu le nombre des autres peintures de ce genre qu'il réalisa et que rien ne relie à une illustration connue.

8. «People of Red River» et «To Red River and Beyond» parurent respectivement en 1859 et 1860-1861 dans *Harper's Monthly*.

9. Il est important de noter que Henry s'activait à faire publier les dessins de William. Il les porta lui-même aux bureaux du *Illustrated London News*. «Le rédacteur en chef offre ses compliments à M. Henry Hind, et a le plaisir de lui faire savoir qu'il sera heureux de payer deux guinées pour chacun des croquis nord-américains qu'il a laissés... » Lettre à M. Henry Hind, du *Illustrated London News*, 6 mai 1870, dossier M512, Toronto Public Library (T.R.L.).

10. Here, we must keep in mind that we are only discussing Kane's finished oil paintings, but both Hind's watercolours and oils, which are in varying states of finish.

11. "The Provincial Agricultural Show," *The Canadian Journal* (October 1852), p. 60.

12. Nonetheless, it is interesting to take note that this comparison was being made even in Hind's day. A reviewer of the 1862 Provincial Agricultural Exhibition wrote: "...In this neighbourhood are four small pictures of Indian Life. The name of the artist is not given, but the pictures are painted with great minuteness and skill. They are of the pre-Raphaelite school..." *Globe*, September 27, 1862, p. 1. We know from Henry's rebuttle in the *Globe*, September 30th, p. 2, that these works are indeed by William, probably resulting from the Labrador expedition. See cat. 9 and 10 for examples.

13. See Hughes' Masters Thesis for a fuller discussion of Hind's relationship to Ruskin and to the Pre-Raphaelites.

14. Ann Thomas, *The Role of Photography in Canadian Painting 1860-1900: Relationships Between the Photographic Image and a Style of Realism in Painting*, Masters Thesis, Montreal: Concordia University, 1976.

15. For the most thorough account of the Overlander trips, see Richard Thomas Wright. *Overlanders: The epic cross-Canada treks for gold, 1858-1862*, Williams Lake, B.C.: Winter Quarters Press, 2000.

16. This group was originally led by Stephen Redgrave, but during the journey his less than capable leadership resulted in others taking over. William Hind spent most of the trip travelling and sharing a tent with Redgrave.

17. To thoroughly explore the complete sketchbook, see the accompanying CD-ROM *William Hind's "Overlanders of '62 Sketchbook" – A Journey across the Canadian West.*

18. W.G.R. Hind, Victoria, to Henry Youle Hind, January 31, 186[4]. *W.G.R. Hind Papers*, RG 100, vol. 164, #15. Public Archives of Nova Scotia.

19. This sketchbook is believed to be the only first-hand visual account of the journey.

20. See Wright as well as Mark Sweeten Wade, *The Overlanders of '62*, Reprint edition. Surrey, B.C.: Heritage House Publishing Company Limited, 1981 and Joanne Leduc, ed. *Overland from Canada to British Columbia: By Mr. Thomas McMicking of Queenston, Canada West*, Vancouver: UBC Press, 1991 (reprint).

10. Nous devons ici nous rappeler que la discussion porte uniquement sur les huiles achevées de Kane, alors que les œuvres de Hind sont des aquarelles et des huiles, à divers stades de leur finition.

11. «The Provincial Agricultural Show», *The Canadian Journal*, octobre 1852, p. 60.

12. Il est toutefois intéressant de noter que cette comparaison était établie du temps même de Hind. Un critique de la Foire agricole provinciale de 1862 écrivait: «... Dans ce coin, se trouvent quatre petits tableaux de la vie des Indiens. On ne donne pas le nom de l'artiste, mais les tableaux sont peints avec beaucoup de minutie et d'habileté. Ils appartiennent à l'école préraphaélite...» *Globe*, 27 septembre 1862, p. 1. On sait, d'après le rectificatif de Henry Hind paru dans le *Globe* du 30 septembre (p. 2), que ces tableaux étaient effectivement de la main de William, issus probablement de l'expédition du Labrador. Voir comme exemples les nos 9 et 10 du catalogue.

13. Pour une discussion approfondie du rapport établi entre Hind et Ruskin ainsi que les préraphaélites, voir le mémoire de maîtrise de Hughes.

14. Ann Thomas, *The Role of Photography in Canadian Painting 1860-1900: Relationships Between the Photographic Image and a Style of Realism in Painting*, mémoire de maîtrise, Montréal, Université Concordia, 1976.

15. Pour le récit le plus détaillé du voyage des Overlanders, voir Richard Thomas Bright, *Overlanders: The epic cross-Canada treks for gold, 1858-1862*, Williams Lake, C.-B., Winter Quarters Press, 2000.

16. Ce groupe était à l'origine dirigé par Stephen Redgrave, mais au cours du voyage, ses piètres qualités de leader amenèrent d'autres à prendre sa place. William Hind passa la plus grande partie du périple en voyageant et en partageant sa tente avec Redgrave.

17. Pour explorer à fond le carnet de croquis, voir le CD-ROM d'accompagnement *Le carnet Overlanders de 62 de William Hind – Voyage à travers l'Ouest canadien.*

18. W. G. R. Hind, Victoria, à Henry Youle Hind, 31 janvier 186[4]. *Cahiers de W. G. R. Hind*, RG 100, vol. 164, no 15, Archives publiques de Nouvelle-Écosse.

19. On pense que ce carnet de croquis est le seul document visuel direct à relater le voyage.

20. Voir Wright ainsi que Mark Sweeten Wade, *The Overlanders of '62*, Surrey, C.-B., Heritage House Publishing Company Limited, 1981 (réimpression), et Joanne Leduc, éd., *Overland from Canada to British Columbia: By Mr. Thomas McMicking of Queenston, Canada West*, Vancouver, UBC Press, 1991 (réimpression).

21. Pour une analyse des qualités physiques du carnet et la nature des croquis, voir le mémoire de maîtrise de Gignac.

21. See Gignac's Masters thesis for an analysis of the physical qualities of the sketchbook and the nature of the sketches.

22. "...There has been so much ill-feeling in our tent between Hind, and I may say all of us except Alf, that I had to tell him that he would have to leave us and that we would divide with him fairly." Wednesday, July 9th Richard Henry Alexander fonds, City of Vancouver Archives, MSS 246 514-G-3 file 4; "... Handcocks party had a row to day so Hinds will be separated." Thursday July 10th 1862, Stephen Redgrave, "Journals and Sundry Papers 1852-1875." Typescript, British Columbia Archives E/B-R24A. This dispute has largely been the basis for the prevailing characterization of Hind as a difficult personality. However, I take a more conservative view of the matter, chalking it up to the inevitable personality clashes that occur in strained and close quarters. Hind seemed to cause no more upset during the rest of the journey.

23. Redgrave, Sunday July 13th 1862.

24. This painting is mistitled. It clearly relates to the very specific crossing of the Saskatchewan River where they actually hired an HBC boat to help them cross. There is also a drawing in the sketchbook related to this scene showing a similar boat and topography, including clearly delineated round rocks.

25. Hind letter January 31, 186[4].

26. The sketchbook does not often appear to provide direct sketches for his paintings of the journey. In fact, Russell Harper suggests that William may have sent the sketchbook back east, possibly to his brother, because one of the pages of the sketchbook is an ink drawing of Panama not by Hind. It is signed by Ellis and dated May 1863. However, this is just speculation, since it is hard to believe that Hind would part with his sketchbook. Gilbert Gignac suggests that it is just as possible that the scene of Panama was copied from a journal illustration.

27. The titles of many of these paintings have been added after the fact and, in many cases they are inaccurate in terms of geography. This scene depicts events occurring at Tête Jaune.

28. See Wright, p. 246.

29. While this is the only documented California scene, it is possible that some of the other mining paintings also reflect California.

30. Hind letter January 31, 186[4].

31. "Fine Arts – Mr. Hind of Broad Street has just finished painting a beautiful sign for Mr. Earles' new tavern on Government Street. It is a likeness of H.R.H: the Prince of Wales, one side represents him in the Highland Costume and on the other as a colonel in the army. The

22. «... Il y a eu dans notre tente tellement de ressentiment entre Hind et je devrais dire la totalité d'entre nous sauf Alf, que j'ai dû l'informer qu'il aurait à nous quitter et que nous en serions tous très heureux.» Mercredi, 9 juillet, Fonds Richard Henry Alexander, Archives de la Ville de Vancouver, MSS 246 514-G-3, dossier 4; «... Le groupe de Hancock s'est disputé aujourd'hui et Hind devra partir.» Jeudi 10 juillet 1862, Stephen Redgrave, «Journals and Sundry Papers 1852-1875», texte dactylographié, Archives de Colombie-Britannique. Cette querelle est en grande partie responsable du fait que Hind est généralement perçu comme un individu pas facile. J'adopte toutefois une position plus modérée, en mettant la querelle sur le compte des conflits de personnalité qui se produisent inévitablement dans des situations tendues où l'on est les uns sur les autres. Hind ne semble pas avoir causé d'autres difficultés durant le reste du voyage.

23. Redgrave, dimanche 13 juillet 1862.

24. Ce tableau porte un titre qui ne lui correspond pas. Il fait référence sans nul doute à cette traversée particulière de la Saskatchewan où ils louèrent en fait un bateau de la CBH pour les aider à tout transporter. Il y a aussi dans le carnet un dessin relié à cette scène où l'on voit un bateau et un relief semblables, ce dernier comprenant des rochers arrondis dessinés avec une grande précision.

25. Lettre de Hind du 31 janvier 186[4].

26. Le carnet ne semble pas souvent contenir d'esquisses directes de ses tableaux du voyage. En fait, Russell Harper suggère que William aurait pu renvoyer le carnet dans l'Est, à son frère éventuellement, car l'une des pages comporte un dessin à l'encre représentant Panamá, qui n'est pas de Hind. Il est signé Ellis et daté de mai 1863. Il ne s'agit cependant que d'une hypothèse car il est difficile de croire que Hind se serait séparé de son carnet de croquis. Gilbert Gignac suggère qu'il est tout aussi plausible que la scène de Panamá a été copiée d'une illustration de journal.

27. Les titres d'un grand nombre de ces tableaux ont été ajoutés après coup, et dans bien des cas sont erronés en ce qui concerne la géographie. Cette scène décrit des événements qui se sont produits à Tête Jaune.

28. Voir Wright, p. 246.

29. Bien qu'il représente la seule scène de Californie documentée, il est possible que plusieurs des autres tableaux traitant des mines représentent aussi la Californie.

30. Lettre de Hind du 31 janvier 186[4].

31. «Beaux-arts – M. Hind de la rue Broad vient juste de finir de peindre une belle enseigne pour la nouvelle taverne de M. Earles dans la rue Government. Elle représente S.A.R. le prince de Galles, d'un côté en costume écossais et de l'autre en colonel de l'armée. Le portrait est excellent et reflète bien en tant

likeness is very accurate and as a work of art reflects the highest credit on Mr. Hind's abilities. The sign has been hung up." *The Daily British Colonist*, February 25, 1863, p. 3.

32. *The Daily British Colonist*, April 19, 1865 p. 3. The whereabouts of these paintings are not known.

33. A watercolour sketch of this work (not in the exhibition) is in the collection of the McCord Museum (M614).

34. It significant that Hind consistently chooses to depict the frontiersman rather that the more genteel side of the British Columbia society such as he might have experienced in Victoria.

35. Hind, *A Sketch of an Overland Route to British Columbia*, p. 126.

36. W.G.R. Hind, Winnipeg to Henry Youle Hind, September 7, 1870. *W.G.R. Hind Papers*, RG 100, vol. 164, #15. Public Archives of Nova Scotia.

37. William was in Winnipeg at least as early as June 1870 based on the note published with his illustrations in the June 4, 1870 edition of the *Illustrated London News*: "The sketches we introduce are from the pencil of Mr. William Hind, a brother of Professor Hind, now in the Red River Settlement."

38. *Ibid.*

39. The paintings with accession number JRR were originally from the John Ross Robertson Collection. See *Landmarks of Canada: A guide to the J. Ross Robertson Canadian Historical Collection in the Toronto Public Library*, Toronto Public Library, 1967. This painting has small black numbers written on its surface that correspond to Robertson's notes in his catalogue. The buildings include 1. Hudson's Bay Company Store, 2. William Drever's, 3. Red River Hall, 4. Bryan Devlin's hotel, 5. Rev. George Young's church.

40. Much of the information about Hind's activities in his later years remains unsubstantiated. For a discussion of Hind in the Atlantic provinces, see Catharine M. Mastin, *William G.R. Hind: The Pictou Sketchbook*. Windsor, Ont.: Art Gallery of Windsor, 1990.

41. For further examples of British popular illustration that reflects this exaggerated viewpoint, see discussion in Hughes, Masters thesis, pp 38-53.

qu'œuvre d'art les capacités extraordinaires de M. Hind. L'enseigne est maintenant accrochée devant la taverne.» *The Daily British Colonist*, 25 février 1863, p. 3.

32. *The Daily British Colonist*, 19 avril 1865, p. 3. On ne sait ce qu'il est advenu de ces tableaux.

33. Un croquis à l'aquarelle de cette œuvre (qui ne fait pas partie de l'exposition) se trouve dans la collection du Musée McCord (M614).

34. Il est à noter que Hind choisit de façon constante de décrire l'homme du front pionnier plutôt que le côté plus raffiné de la société de Colombie-Britannique telle qu'il avait dû la côtoyer à Victoria.

35. Hind, *A Sketch of an Overland Route to British Columbia*, p. 126.

36. W. G. R. Hind, Winnipeg, à Henry Youle Hind, 7 septembre 1870, *Cahiers de W. G. R. Hind*, RG 100, vol. 164, n° 15, Archives publiques de Nouvelle-Écosse.

37. William était à Winnipeg au moins au début de juin 1870, si l'on se fie à la note publiée avec ses illustrations dans l'édition du 4 juin 1870 du *Illustrated London News:* «Les croquis que nous présentons sont de la main de M. William Hind, frère du Professeur Hind, qui se trouve actuellement à la colonie de la rivière Rouge.»

38. *Ibid.*

39. Les tableaux avec numéro d'entrée JRR étaient à l'origine dans la collection John Ross Robertson. Voir *Landmarks of Canada: A guide to the J. Ross Robertson Canadian Historical Collection in the Toronto Public Library*, Toronto Public Library, 1967. Sur la surface du tableau se trouvent écrits en noir de petits numéros qui correspondent aux notes de Robertson dans son catalogue. Les bâtiments comprennent 1) le magasin de la Compagnie de la Baie d'Hudson, 2) William Drever's, 3) le Red River Hall, 4) l'hôtel de Bryan Devlin, 5) l'église du pasteur George Young.

40. Une grande partie de l'information concernant les activités de Hind dans la dernière partie de sa vie restent non corroborées. Pour une discussion de Hind dans les provinces de l'Atlantique, voir Catharine M. Mastin, *William G. R. Hind: le Carnet Pictou*, Windsor (Ont.), Art Gallery of Windor, 1990.

41. Pour d'autres exemples d'illustrations populaires en Grande-Bretagne qui reflètent cette perspective exagérée, voir la discussion dans Hughes, mémoire de maîtrise, pp. 38-53.

British Columbia, 1862-1870

CATALOGUE 37–66

I have received your letter; and am glad to hear that you are all well; the reason I did not write, was, I believe, because, instead of having made my weight in gold; there was nothing very flattering to tell – the life during the past year having been rather a rough one…. Victoria presents, this winter a melancoly (sic) contrast to the preceding one, in fact everything in a state of stagnation…

W.G.R. Hind, Victoria, to Henry Youle Hind,
January 31, 186[4]

Colombie-Britannique (1862-1870)

Nᵒˢ 37–66 DU CATALOGUE

J'ai bien reçu ta lettre; et je suis heureux de savoir que tout va bien pour vous; la raison pour laquelle je n'ai pas écrit, c'est que, je crois, au lieu de m'en être mis plein les poches d'or, il n'y avait rien de bien intéressant à raconter – la vie au cours de l'année dernière ayant été assez difficile. … Cet hiver, Victoria présente un contraste mélancolique par rapport à l'an passé, en fait tout en est au point mort…

(W.G.R. Hind, Victoria, à Henry Youle Hind,
31 janvier 186[4])

37. Cabin on the Fraser River, B.C., "The Bacon is cooked," 1860s
Cabane sur le Fraser, C.-B., «Le bacon est servi», années 1860

153

154

38. BRITISH COLUMBIA MINERS, 1864
   MINEURS DE COLOMBIE-BRITANNIQUE, 1864

39. MAIN STREET IN LILLOOET, B.C., 1860s
RUE PRINCIPALE À LILLOOET, C.-B., ANNÉES 1860

40. Bar in Mining Camp, B.C., 1860s
Bar dans un camp minier, C.-B., années 1860

41. Miners, British Columbia, 1864
Mineurs, Colombie-Britannique, 1864

42. MINER, B.C., 1864
    MINEUR, C.-B., 1864

43. Saloon Scene, 1864
Scène de saloon, 1864

44. SHORELINE SCENE, C. 1862-1870
SCÈNE DE RIVAGE, V. 1862-1870

45. MINER, ROCKY MOUNTAINS, C. 1862-1870
MINEUR, MONTAGNES ROCHEUSES, V. 1862-1870

46. MINERS IN THE LEATHER PASS, ROCKY MOUNTAINS, C. 1862-1870
MINEURS AU COL LEATHER, MONTAGNES ROCHEUSES, V. 1862-1870

47. Prospecting for Alluvial Gold in British Columbia, c. 1862-1870
À la recherche d'or alluvionnaire en Colombie-Britannique, v. 1862-1870

48. Gold Digger, B.C., c. 1862-1870
Orpailleur, C.-B., v. 1862-1870

49. Chinese Goldwashers on the Fraser River, B.C., 1860s
Orpailleurs chinois sur le Fraser, C.-B., années 1860

50. Fraser River, B.C., 1860s
Le Fraser, C.-B., années 1860

51. Miners Resting, c. 1862-1870
Mineurs au repos, v. 1862-1870

52. Miner Overlooking Gorge, c. 1862-1870
Mineur surplombant une gorge, v. 1862-1870

53. MULES ON A MOUNTAIN TRAIL, C. 1862-1870
MULES SUR UNE PISTE DE MONTAGNE, V. 1862-1870

54. A LITTLE STEEP, 1860S
PAS MAL ABRUPT, ANNÉES 1860

55. Sluicing for Gold, British Columbia, c. 1863
Lavage au sluice pour trouver de l'or, Colombie-Britannique, v. 1863

56. Scene in British Columbia, 1860s
    Scène de Colombie-Britannique, années 1860

57. Government Road, Lillooet, B.C., 1860s
Route gouvernementale, Lillooet, C.-B., années 1860

58. New Government Road, Lillooet, B.C., 1860s
    Nouvelle route gouvernementale, Lillooet, C.-B., années 1860

59. Yale Bridge, B.C., 1860s
Le pont de Yale, C.-B., années 1860

60. River scene, c. 1862-1870
Scène de rivière, v. 1862-1870

61. McLellan's Brook, N.D.
Ruisseau de McLellan, N.D.

62. Victoria, c. 1863-1870
Victoria, v. 1863-1870

63. STRAIT OF SAN JUAN, B.C., 1860s
DÉTROIT DE SAN JUAN, C.-B., ANNÉES 1860

64. HARO PASS, PACIFIC COAST, B.C., 1860S
COL HARO, CÔTE DU PACIFIQUE, C.-B., ANNÉES 1860

65. FRASER RIVER, LOON, 1860s
LE FRASER, HUART, ANNÉES 1860

66. Indians Gathering Shellfish, Victoria Island, 1860s
Indiens ramassant des coquillages, Île Victoria, années 1860

Manitoba, 1870-1871

CATALOGUE 67–92

Dear Henry, I have just received your letter of Aug 16th. I am not among the Buffalo, but am living in the town of Winnipeg. …I am not sure what I shall do this winter, perhaps, stay in the town…

W.G.R. Hind, Winnipeg, to Henry Youle Hind, September 7, 1870

Manitoba (1870-1871)

Nos 67–92 DU CATALOGUE

Cher Henry, je viens juste de recevoir ta lettre du 16 août. Je ne me trouve pas parmi les bisons, mais je vis dans la ville de Winnipeg. … Je ne suis pas sûr de ce que je vais faire cet hiver, peut-être rester dans la ville...

(W.G.R. Hind, Winnipeg, à Henry Youle Hind, 7 septembre 1870)

67. Winnipeg, Manitoba, c. 1870
Winnipeg, Manitoba, v. 1870

68. INDIAN CAMP, MANITOBA, C. 1862
CAMPEMENT INDIEN, MANITOBA, V. 1862

69. RED RIVER FERRY ACROSS TO ST. BONIFACE, C. 1870
TRAVERSIER DE LA RIVIÈRE ROUGE EN DIRECTION DE SAINT-BONIFACE, V. 1870

70. Red River Cart Train, c. 1870
    Convoi de charrettes de la rivière Rouge, v. 1870

71. MANITOBA PRAIRIE SCENE WITH THREE FIGURES, HORSES AND CATTLE, C. 1870
SCÈNE DE LA PRAIRIE MANITOBAINE AVEC TROIS FIGURES, CHEVAUX ET BÉTAIL, V. 1870

72. A Prairie Road, c.1870
Route dans la Prairie, v. 1870

73. ROADSIDE SCENE WITH THREE HOUSES AND FIGURE, MANITOBA, C. 1870
SCÈNE LE LONG DE LA ROUTE AVEC TROIS MAISONS ET UNE FIGURE, MANITOBA, V. 1870

74. WHEAT FIELD WITH OX CART, C. 1870
CHAMP DE BLÉ AVEC CHARRETTE TIRÉE PAR UN BŒUF, V. 1870

75. Manitobah Settler's House and Red River Cart, c. 1870
Maison de colon manitobain et charrette de la rivière Rouge, v. 1870

76. Ox with Red River Cart, c. 1870
 Bœufs avec charrette de la rivière Rouge, v. 1870

77. Metis Making Wheel for Red River Cart, Manitoba, c. 1870
Métis fabriquant une roue pour une charrette de la rivière Rouge, v. 1870

78. Manitoba River Scene, c. 1870
    Scène de rivière au Manitoba, v. 1870

79. Manitobah, Sailing on River, c. 1870
Manitoba, en bateau sur la rivière, v. 1870

198

80. Duck Shooting, c. 1870
Chasse au canard, v. 1870

81. Horseman on the Prairies, c. 1870
Cavalier dans les Prairies, v. 1870

199

82. SHOOTING GROUSE, C. 1870
CHASSE À LA PERDRIX, V. 1870

83. MOOSE HUNTING, WINTER, MANITOBA, C. 1870
CHASSE À L'ORIGNAL, HIVER, MANITOBA, V. 1870

84. LUMBERMAN CHOPPING TREE IN WINTER, MANITOBA, C. 1870
    BÛCHERON DÉBITANT UN ARBRE EN HIVER, MANITOBA, V. 1870

85. LUMBERING SCENE WITH TWO FIGURES AND OX-DRAWN RED RIVER CART IN WINTER, C.1870
    SCÈNE DE BÛCHERONNAGE EN HIVER AVEC DEUX FIGURES ET CHARRETTE DE LA RIVIÈRE ROUGE TIRÉE PAR UN BŒUF, V. 1870

86. FELLED TREE AND AXE IN WINTER, C. 1870
ARBRE ABATTU ET HACHE EN HIVER, V. 1870

87. CROSSING PRAIRIE IN WINTER, C. 1870
TRAVERSÉE DE LA PRAIRIE EN HIVER, V. 1870

88. DOG-TRAIN, MANITOBA, C. 1870
ATTELAGE DE CHIENS, MANITOBA, V. 1870

89. HORSE DRINKING AT AN ICE HOLE, C. 1870
CHEVAL S'ABREUVANT À UN TROU DANS LA GLACE, V. 1870

90. Duck Shooting near Oak Lake, Manitoba, c. 1862-1870
Chasse au canard près de Oak Lake, Manitoba, v. 1862-1870

91. Duck Hunting on the Prairies with an Emigrant Wagon Train in the Distance, c. 1870
Chasse au canard dans les Prairies avec, au loin, un convoi de chariots d'émigrants, v. 1870

92. Breaking a Road in Manitobah, c. 1870
Ouverture de la route au Manitoba, v. 1870

LIST OF WORKS

All works by William G.R. Hind (1833-1889)
All measurements are in centimetres

1.
Self Portrait of the Artist,
William Hind, c. 1870s
Oil on paper
35.7 x 25.4
National Archives of Canada
/C-013964

2.
Self-Portrait in Hunting Gear,
c. 1875
Oil and graphite on paper on
laminated fibreboard
25.5 x 33.4
Collection, Art Gallery of
Ontario, Toronto
Purchased with funds received
from the late Mrs. Walter
Gordon, Toronto, 1995 (94/310)

3.
Self Portrait, c. 1870s
Watercolour, ink, and graphite
on board
30.4 x 22.7
McCord Museum of Canadian
History, Montreal (M459)

4.
Self Portrait, c. 1870s
Oil on paper
16.7 x 9.7
Toronto Public Library (T.R.L.)
J. Ross Robertson Collection
/JRR 3250

5.
Self Portrait, c. 1870s
Oil on paper
24.9 x 17. 3
Collection of Mrs. J. L. Forster
(Marion Hind), Windsor, Ontario

6.
Self Portrait, c. 1860s-1870s
Oil on card
16.6 x 16.4
Collection of British Columbia
Archives /PDP27

7.
The Artist Looking Seaward from
the Mouth of the Moisie River,
1861
Watercolour, gouache, and
graphite on prepared paper
18.3 x 26.8
Collection of The Winnipeg Art
Gallery. Acquired with funds
from the Volunteer Committee
to The Winnipeg Art Gallery.
2001-6

8.
Donald Smith (Lord Strathcona)
at North West River, 1860
Oil on board
26.0 x 27.1
National Archives of Canada
/C-033690

9.
Drawing Map on Birch-Bark
(Rivière Moisie, Labrador
Peninsula Expedition), c. 1861
Oil on board
30.0 x 42.3
Toronto Public Library (T.R.L.)
J. Ross Robertson Collection
/JRR 3234

LISTE DES ŒUVRES

Les œuvres énumérées ci-dessous sont de William G. R. Hind.
Les dimensions sont données en centimètres.

1.
Autoportrait de l'artiste, William
Hind, v. années 1870
Huile sur papier
35,7 x 25,4
Archives nationales du Canada,
Ottawa/C-013964

2.
Autoportrait en tenue de chasse,
n.d., v. 1875
Huile et mine de plomb sur
papier marouflé sur carton-fibre
stratifié
25,5 x 33,4
Collection du Musée des
beaux-arts de l'Ontario, Toronto
Acheté grâce aux fonds reçus de
feu Mᵐᵉ Walter Gordon,
Toronto, 1995 (94/310)

3.
Autoportrait, v. années 1870
Aquarelle, encre et mine de
plomb sur carton épais
30,4 x 22,7
Musée McCord d'histoire
canadienne, Montréal (M459)

4.
Autoportrait, v. 1870
Huile sur papier
16,7 x 9,7
Toronto Public Library (T.R.L.)
Collection J. Ross Robertson
/JRR 3250

5.
Autoportrait, v. années 1870
Huile sur papier
24,9 x 17,3
Collection de Mᵐᵉ J. L. Forster
(Marion Hind)

6.
Autoportrait, v. années
1860-1870
Huile sur carton mince
16,6 x 16,4
Collection des Archives de
Colombie-Britannique/PDP27

7.
L'artiste regardant vers la
mer depuis l'embouchure
de la Moisie, 1861
Aquarelle, gouache et mine
de plomb sur papier préparé
18,3 x 26,8
Collection du Musée des
beaux-arts de Winnipeg / Acheté
grâce au fonds d'acquisition du
Comité des bénévoles du Musée
des beaux-arts de Winnipeg

8.
Donald Smith (lord Strathcona)
à la North West River, 1860
Huile sur carton épais
26,0 x 27,1
Archives nationales du Canada,
Ottawa/C-033690

9.
Tracé de carte sur écorce de
bouleau (rivière Moisie,
expédition de la péninsule du
Labrador), v. 1861
Huile sur carton épais
30,0 x 42,3
Toronto Public Library (T.R.L.)
Collection J. Ross Robertson
/JRR 3234

10.
*Domenique, Squaw and Child
(Rivière Moisie, Labrador
Peninsula Expedition)*, c. 1861
Oil on board
29.7 x 42.7
Toronto Public Library (T.R.L.)
J. Ross Robertson Collection
/JRR 3261

11.
Calm Waters near the Camp,
n.d.
Watercolour on paper
22.8 x 27.8
Collection of The Winnipeg Art
Gallery /Acquired with funds
from the Tritschler Estate
/1999-638

12.
*Sunnyside, Windsor, N.S.,
Residence of Henry Youle Hind*,
1879
Watercolour on paper
21.6 x 29.8
Mr. and Mrs. Henry H. Hind

13.
Portrait of John Youle Hind,
1870s-1880s
Watercolour, gouache and
graphite on paper
22.8 x 30.5
Private Collection

14.
Harvesting Hay, Sussex, N.B.,
c. 1870s
Oil on board
27.5 x 47.1
National Archives of Canada
/C-103003

15.
Fishing from a Boat, 1886
Watercolour on paper
24.5 x 30.5
Collection of Mrs. J. L. Forster
(Marion Hind), Windsor, Ontario

16.
Wood Interior with Tree Stump,
c. 1880s
Watercolour on paper
17.8 x 22.2
Private Collection

17.
Overlanders of '62 sketchbook,
1862
8.6 x 15.2
National Archives of Canada
/1963-097

18.
Indians on the Prairie,
c. 1862-1870
Watercolour and graphite
on paper
13.7 x 22.5
Collection of British Columbia
Archives /PDP5

19.
*Crossing the Battle River, North
Western Prairie Saskatchewan
District*, 1860s
Watercolour, gouache, and
graphite on card
22.6 x 31.5
McCord Museum of Canadian
History, Montreal (M464)

20.
*Buffalo Herd, South
Saskatchewan River near Elbow,
Saskatchewan*, c. 1860s
Watercolour over pencil on paper
10.4 x 17.7
Toronto Public Library (T.R.L.)
J. Ross Robertson Collection
/JRR 3245

21.
*North Western Prairie with
Buffalo No. 7*, 1862
Oil on card
15.0 x 20.5
Collection of Anne Carver

10.
*Domenique, squaw et enfant
(rivière Moisie, expédition de la
péninsule du Labrador)*, v. 1861
Huile sur carton épais
29,7 x 42,7
Toronto Public Library (T.R.L.)
Collection J. Ross Robertson
/JRR 3261

11.
Eaux calmes près du camp, n.d.
Aquarelle sur papier
22,8 x 27,8
Collection du Musée des
beaux-arts de Winnipeg / Acheté
avec les fonds provenant de la
succession Tritschler

12.
*Sunnyside, Windsor, N.-É.,
résidence de Henry Youle Hind*,
1879
Aquarelle sur papier
21,6 x 29,8
M. et Mme Henry H. Hind

13.
Portrait de John Youle Hind,
années 1870-1880
Aquarelle, gouache et mine
de plomb sur papier
22,8 x 30,5
Collection privée

14.
Scène de fanage, Sussex, N.-B.,
v. années 1870
Huile sur carton épais
27,5 x 47,1
Archives nationales du Canada,
Ottawa/C-103003

15.
Pêche en bateau, 1886
Aquarelle sur papier
24,5 x 30,5
Collection de Mme J. L. Forster
(Marion Hind)

16.
*Intérieur de forêt avec souche
d'arbre*, v. années 1880
Aquarelle sur papier
17,8 x 22,2
Collection privée

17.
*Carnet de croquis Overlanders
de 62*, 1862
Archives nationales du Canada,
Ottawa /1963-097

18.
Indiens dans la Prairie,
v. 1862-1870
Aquarelle et mine de plomb sur
papier
13,7 x 22,5
Collection des Archives de
Colombie-Britannique/PDP5

19.
*Traversée de la rivière Battle,
Prairie du Nord-Ouest – district
de la Saskatchewan*,
années 1860
Aquarelle, gouache et mine
de plomb sur carton mince
22,6 x 31,5
Musée McCord d'histoire
canadienne, Montréal (M464)

20.
*Troupeau de bisons, rivière
Saskatchewan-Sud près d'un
coude, Saskatchewan*,
v. années 1860
Aquarelle et crayon sur papier
10,4 x 17,7
Toronto Public Library (T.R.L.)
Collection J. Ross Robertson
/JRR 3245

21.
*Prairie du Nord-Ouest avec
bisons N° 7*, 1862
Huile sur carton
15,0 x 20,5
Mme Anne Carver

22.
Buffalo Magnified by Mirage,
1860s
Watercolour and graphite on card
21.8 x 31.3
McCord Museum of Canadian
History, Montreal (M460)

23.
Buffalo on the Prairie,
c. 1862-1870
Watercolour over pencil with
gouache on paper
22.7 x 28.7
National Archives of Canada
/C-013970

24.
Hunting Buffalo, c. 1862-1870
Watercolour over pencil on paper
22.6 x 28.8
National Archives of Canada
/C-013968

25.
William Hind Meeting a Buffalo,
1860s
Watercolour and graphite on
paper
22.7 x 31.3
McCord Museum of Canadian
History, Montreal (M462)

26.
Camping on the Prairie,
c. 1862-1870
Watercolour over pencil with
gouache on paper
22.7 x 28.8
National Archives of Canada
/C-013974

27.
*Grouse Shooting near the Rocky
Mountains*, c. 1862-1870
Watercolour over pencil on paper
13.5 x 22.7
National Archives of Canada
/C-013973

28.
*Crossing Swamps near Head
Water, North Saskatchewan*,
1860s
Watercolour on paper
22.6 x 31.5
McCord Museum of Canadian
History, Montreal (M465)

29.
River, North Saskatchewan,
1860s
Watercolour, ink, and graphite
on card
22.7 x 31.4
McCord Museum of Canadian
History, Montreal (M461)

30.
Pack Ox in the Mountains,
c. 1862-1870
Oil on board
20.4 x 30.2
Mr. and Mrs. Henry H. Hind

31.
Foot of Rocky Mountains, 1860s
Watercolour and graphite on card
22.4 x 31.5
McCord Museum of Canadian
History, Montreal (M466)

32.
Jasper House, c. 1862-1870
Watercolour on paper
28.3 x 39.0
Collection of British Columbia
Archives /PDP407

33.
Pack Horse, Athabaska River,
Rocky Mountains, 1860s
Watercolour on paper
22.6 x 31.3
McCord Museum of Canadian
History, Montreal (M469)

22.
Bisons grossis par un mirage,
années 1860
Aquarelle et mine de plomb
sur carton mince
21,8 x 31,3
Musée McCord d'histoire
canadienne, Montréal (M460)

23.
Bisons dans la Prairie,
v. 1862-1870
Aquarelle et crayon avec
gouache sur papier
22,7 x 28,7
Archives nationales du Canada,
Ottawa /C013970

24.
Chasse au bison, v. 1862-1870
Aquarelle et crayon sur papier
22,6 x 28,8
Archives nationales du Canada,
Ottawa /C-013968

25.
William Hind face à un bison,
années 1860
Aquarelle et mine de plomb
sur papier
22,7 x 31,3
Musée McCord d'histoire
canadienne, Montréal (M462)

26.
Campement dans la Prairie,
v. 1862-1870
Aquarelle et crayon avec
gouache sur papier
22,7 x 28,8
Archives nationales du Canada,
Ottawa /C-013974

27.
*Chasse à la perdrix près des
montagnes Rocheuses*,
v. 1862-1870
Aquarelle et crayon sur papier
13,5 x 22,7
Archives nationales du Canada,
Ottawa /C-013973

28.
*Traversée de marécages près de
Head Water, Saskatchewan du
Nord*, années 1860
Aquarelle sur papier
22,6 x 31,5
Musée McCord d'histoire
canadienne, Montréal (M465)

29.
Rivière, Saskatchewan-Nord,
années 1860
Aquarelle, encre et mine de
plomb sur carton mince
22,7 x 31,4
Musée McCord d'histoire
canadienne, Montréal (M461)

30.
Bœuf de bât dans les montagnes,
v. 1862-1870
Huile sur carton épais
20,4 x 30,2
M. et Mme Henry H. Hind

31.
*Au pied des montagnes
Rocheuses*, vers 1860
Aquarelle et mine de plomb
sur carton mince
22,4 x 31,5
Musée McCord d'histoire
canadienne, Montréal (M466)

32.
Jasper House, v. 1862-1870
Aquarelle sur papier
28,3 x 39,0
Collection des Archives de
Colombie-Britannique/PDP407

33.
*Cheval de bât, rivière Athabasca,
montagnes Rocheuses*,
années 1860
Aquarelle sur papier
22,6 x 31,3
Musée McCord d'histoire
canadienne, Montréal (M469)

34.
Pine Forest, British Columbia,
1860s
Watercolour and graphite on
paper
13.6 x 22.7
McCord Museum of Canadian
History, Montreal (M613)

35.
Pine Forest, B.C., 1860s
Watercolour, gouache, and
graphite on paper
22.2 x 31.3
McCord Museum of Canadian
History, Montreal (M470)

36.
*Athabaska Pass, Mount
Murchison, "Showing Limits of
forest,"* 1860s
Watercolour and graphite on card
22.7 x 31.3
McCord Museum of Canadian
History, Montreal (M467)

37.
*Cabin on the Fraser River, B.C.,
"The Bacon is cooked,"* 1860s
Watercolour, gouache, and
graphite on cardboard
22.6 x 31.4
McCord Museum of Canadian
History, Montreal (M471)

38.
British Columbia Miners, 1864
Watercolour on card
13.6 x 22.9
Collection of British Columbia
Archives /PDP14

39.
Main Street in Lillooet, B.C.,
1860s
Watercolour and graphite on
paper
13.8 x 22.8
McCord Museum of Canadian
History, Montreal (M610)

40.
Bar in Mining Camp, B.C.,
1860s
Watercolour and graphite on
paper on board
25.5 x 35.5
McCord Museum of Canadian
History, Montreal (M605)

41.
Miners, British Columbia, 1864
Oil on board
17.8 x 24.5
Collection of British Columbia
Archives /PDP32

42.
Miner, B.C., 1864
Oil on board
13.7 x 9.0
Toronto Public Library (T.R.L.)
J. Ross Robertson Collection
/JRR 32-1

43.
Saloon Scene, 1864
Watercolour on card
23.5 x 20.5
Collection of British Columbia
Archives /PDP25

44.
Shoreline Scene, c. 1862-1870
Watercolour on paper
16.9 x 9.9
Collection of British Columbia
Archives /PDP1205

45.
Miner, Rocky Mountains,
c. 1862-1870
Watercolour on card
27.3 x 20.5
Collection of British Columbia
Archives /PDP28

34.
*Forêt de pins, Colombie-
Britannique,* années 1860
Aquarelle et mine de plomb
sur papier
13,6 x 22,7
Musée McCord d'histoire
canadienne, Montréal (M613)

35.
Forêt de pins, C.-B., années 1860
Aquarelle, gouache et mine de
plomb sur papier
22,2 x 31,3
Musée McCord d'histoire
canadienne, Montréal (M470)

36.
*Col Athabaska, mont Murchison,
«On voit les limites de la forêt»,*
années 1860
Aquarelle et mine de plomb
sur carton mince
22,7 x 31,3
Musée McCord d'histoire
canadienne, Montréal (M467)

37.
*Cabane sur le Fraser, C.-B.,
«Le bacon est servi»,*
années 1860
Aquarelle, gouache et mine
de plomb sur carton mince
22,6 x 31,4
Musée McCord d'histoire
canadienne, Montréal (M471)

38.
*Mineurs de Colombie-
Britannique,* 1864
Aquarelle sur carton mince
13,6 x 22,9
Collection des Archives de
Colombie-Britannique/PDP14

39.
Rue principale à Lillooet, C.-B.,
années 1860
Aquarelle et mine de plomb sur
papier
13,8 x 22,8
Musée McCord d'histoire
canadienne, Montréal (M610)

40.
Bar dans un camp minier, C.-B.,
années 1860
Aquarelle et mine de plomb sur
papier marouflé sur carton épais
25,5 x 35,5
Musée McCord d'histoire
canadienne, Montréal (M605)

41.
Mineurs, Colombie-Britannique,
1864
Huile sur carton épais
17,8 x 24,5
Collection des Archives de
Colombie-Britannique/PDP32

42.
Mineur, C.-B., 1864
Huile sur carton épais
13,7 x 9,0
Toronto Public Library (T.R.L.)
Collection J. Ross Robertson
/JRR 32-1

43.
Scène de saloon, 1864
Aquarelle sur carton mince
23,5, 20,5
Collection des Archives de
Colombie-Britannique/PDP25

44.
Scène de rivage, v. 1862-1870
Aquarelle sur papier
16,9 x 9,9
Collection des Archives de
Colombie-Britannique/PDP1205

45.
Mineur, montagnes Rocheuses,
v. 1862-1870
Aquarelle sur carton mince
27,3 x 20,5
Collection des Archives de
Colombie-Britannique/PDP28

46.
Miners in the Leather Pass,
Rocky Mountains, c. 1862-1870
Watercolour and gouache
on paper
30.5 x 20.7
Collection of British Columbia
Archives /PDP1214

47.
Prospecting for Alluvial Gold in
British Columbia, c. 1862-1870
Oil on board
19.7 x 31.8
Collection of British Columbia
Archives /PDP2612

48.
Gold Digger, B.C., c. 1862-1870
Oil on canvas
23.0 x 33.0
Collection of British Columbia
Archives /PDP26

49.
Chinese Goldwashers on the
Fraser River, B.C., 1860s
Watercolour and graphite on
paper
13.8 x 22.8
McCord Museum of Canadian
History, Montreal (M609)

50.
Fraser River, B.C., 1860s
Watercolour and graphite
on paper
13.8 x 22.6
McCord Museum of Canadian
History, Montreal (M619)

51.
Miners Resting, c. 1862-1870
Watercolour and graphite on
paper
14.0 x 23.0
Collection of British Columbia
Archives /PDP17

52.
Miner Overlooking Gorge,
c. 1862-1870
Watercolour and graphite
on paper
13.7 x 22.9
Collection of British Columbia
Archives /PDP15

53.
Mules on a Mountain Trail,
c. 1862-1870
Watercolour and graphite
on paper
13.7 x 22.8
Collection of British Columbia
Archives /PDP18

54.
A Little Steep, 1860s
Watercolour and graphite
on paper
13.7 x 22.8
McCord Museum of Canadian
History, Montreal (M616)

55.
Sluicing for Gold, British
Columbia, c. 1863
Oil on board
20.4 x 30.0
Toronto Public Library
(T.R.L.)/941-3-42

56.
Scene in British Columbia,
1860s
Watercolour, graphite, and
gouache on paper
13.8 x 22.2
McCord Museum of Canadian
History, Montreal (M611)

46.
Mineurs au col Leather,
montagnes Rocheuses,
v. 1862-1870
Aquarelle et gouache sur papier
30,5 x 20,7
Collection des Archives de
Colombie-Britannique/PDP1214

47.
À la recherche d'or alluvionnaire
en Colombie-Britannique,
v. 1862-1870
Huile sur carton épais
19,7 x 31,8
Collection des Archives de
Colombie-Britannique/PDP2612

48.
Orpailleur, C.-B., v. 1862-1870
Huile sur toile
23,0 x 33,0
Collection des Archives de
Colombie-Britannique/PDP26

49.
Orpailleurs chinois sur le Fraser,
C.-B., années 1860
Aquarelle et mine de plomb
sur papier
13,8 x 22,8
Musée McCord d'histoire
canadienne, Montréal (M609)

50.
Le Fraser, C.-B., années 1860
Aquarelle et mine de plomb
sur papier
13,8 x 22,6
Musée McCord d'histoire
canadienne, Montréal (M619)

51.
Mineurs au repos, v. 1862-1870
Aquarelle et mine de plomb
sur papier
14,0 x 23,0
Collection des Archives de
Colombie-Britannique/PDP17

52.
Mineur surplombant une gorge,
v. 1862-1870
Aquarelle et mine de plomb
sur papier
13,7 x 22,9
Collection des Archives de
Colombie-Britannique/PDP15

53.
Mules sur une piste de
montagne, v. 1862-1870
Aquarelle et mine de plomb
sur papier
13,7 x 22,8
Collection des Archives de
Colombie-Britannique/PDP18

54.
Pas mal abrupt, années 1860
Aquarelle et mine de plomb
sur papier
13,7 x 22,8
Musée McCord d'histoire
canadienne, Montréal (M616)

55.
Lavage au sluice pour trouver
de l'or, Colombie-Britannique,
v. 1863
Huile sur carton épais
20,4 x 30,0
Toronto Public Library
(T.R.L.)/941-3-42

56.
Scène de Colombie-Britannique,
années 1860
Aquarelle, mine de plomb et
gouache sur papier
13,8 x 22,2
Musée McCord d'histoire
canadienne, Montréal (M611)

57.
*Government Road, Lillooet,
B.C.*, 1860s
Watercolour and graphite
on paper
14.0 x 22.9
McCord Museum of Canadian
History, Montreal (M620)

58.
*New Government Road,
Lillooet, B.C.*, 1860s
Watercolour and graphite
on paper
13.6 x 22.6
McCord Museum of Canadian
History, Montreal (M615)

59.
Yale Bridge, B.C., 1860s
Watercolour and graphite
on paper
13.9 x 22.8
McCord Museum of Canadian
History, Montreal (M617)

60.
River scene, c. 1862-1870
Watercolour on paper
17.5 x 25.1
Collection of British Columbia
Archives /PDP1208

61.
McLellan's Brook, n.d.
Watercolour on paper
12.0 x 17.0
Collection of Anne Carver

62.
Victoria, c. 1863-1870
Oil on board
20.3 x 29.9
Collection of British Columbia
Archives /PDP2611

63.
Strait of San Juan, B.C., 1860s
Watercolour, graphite, and
gouache on paper
22.6 x 31.3
McCord Museum of Canadian
History, Montreal (M473)

64.
Haro Pass, Pacific Coast, B.C.,
1860s
Watercolour and graphite
on paper
13.5 x 22.5
McCord Museum of Canadian
History, Montreal (M612)

65.
Fraser River, Loon, 1860s
Watercolour, graphite, and
gouache on paper
13.6 x 22.5
McCord Museum of Canadian
History, Montreal (M606)

66.
*Indians Gathering Shellfish,
Victoria Island*, 1860s
Watercolour, ink, and graphite
on paper
13.9 x 22.8
McCord Museum of Canadian
History, Montreal (M607)

67.
Winnipeg, Manitoba, c. 1870
Oil on board
10.1 x 30.8
Toronto Public Library (T.R.L.)
J. Ross Robertson Collection
/JRR 2294

68.
Indian Camp, Manitoba, c. 1862
Oil on canvas
40.3 x 45.9
Toronto Public Library (T.R.L.)
J. Ross Robertson Collection
/JRR 3248

57.
*Route gouvernementale, Lillooet,
C.-B.*, années 1860
Aquarelle et mine de plomb
sur papier
14,0 x 22,9
Musée McCord d'histoire
canadienne, Montréal (M620)

58.
*Nouvelle route gouvernemen-
tale, Lillooet, C.-B.*, années 1860
Aquarelle et mine de plomb
sur papier
13,6 x 22,6
Musée McCord d'histoire
canadienne, Montréal (M615)

59.
Le pont de Yale, C.-B.,
années 1860
Aquarelle et mine de plomb
sur papier
13,9 x 22,8
Musée McCord d'histoire
canadienne, Montréal (M617)

60.
Scène de rivière, v. 1862-1870
Aquarelle sur papier
17,5 x 25,1
Collection des Archives de
Colombie-Britannique/PDP1208

61.
Ruisseau de McLellan, n.d.
Aquarelle sur papier
12,0 x 17,0
Mme Anne Carver

62.
Victoria, v. 1863-1870
Huile sur carton épais
20,3 x 29,9
Collection des Archives de
Colombie-Britannique/PDP2611

63.
Détroit de San Juan, C.-B.,
années 1860
Aquarelle, mine de plomb et
gouache sur papier
22,6 x 31,3
Musée McCord d'histoire
canadienne, Montréal (M473)

64.
*Col Haro, côte du Pacifique,
C.-B.*, années 1860
Aquarelle et mine de plomb
sur papier
13,5 x 22,5
Musée McCord d'histoire
canadienne, Montréal (M612)

65.
Le Fraser, huart, années 1860
Aquarelle, mine de plomb et
gouache sur papier
13,6 x 22,5
Musée McCord d'histoire
canadienne, Montréal (M606)

66.
*Indiens ramassant des
coquillages, île Victoria*,
années 1860
Aquarelle, encre et mine de
plomb sur papier
13,9 x 22,8
Musée McCord d'histoire
canadienne, Montréal (M607)

67.
Winnipeg, Manitoba, v. 1870
Huile sur carton épais
10,1 x 30,8
Toronto Public Library (T.R.L.)
Collection J. Ross Robertson
/JRR 2294

68.
Campement indien, Manitoba,
v. 1862
Huile sur toile
40,3 x 45,9
Toronto Public Library (T.R.L.)
Collection J. Ross Robertson
/JRR 3248

69.
*Red River Ferry across to St.
Boniface*, c. 1870
Oil on board
29.3 x 44.5
Mr. and Mrs. Don Hind

70.
Red River Cart Train, c. 1870
Oil on board
10.5 x 21.0
Toronto Public Library (T.R.L.)
J. Ross Robertson Collection
/JRR 3253

71.
*Manitoba Prairie Scene with
Three Figures, Horses and Cattle*,
c. 1870
Oil on board
25.2 x 37.7
Toronto Public Library
(T.R.L.)/941-3-36

72.
A Prairie Road, c.1870
Oil on board
25.1 x 37.6
National Archives of Canada
/C-013967

73.
*Roadside Scene with Three
Houses and Figure, Manitoba*,
c. 1870
Oil on board
25.3 x 37.7
Toronto Public Library
(T.R.L.)/941-3-37

74.
Wheat Field with Ox Cart,
c. 1870
Oil on board
18.9 x 25.0
National Archives of Canada
/C-013975

75.
*Manitobah Settler's House and
Red River Cart*, c. 1870
Oil on board
25.1 x 37.7
National Archives of Canada
/C-013965

76.
Ox with Red River Cart, c. 1870
Oil on board
30.5 x 45.7
Mr. and Mrs. Don Hind

77.
*Metis Making Wheel for Red
River Cart, Manitoba*, c. 1870
Oil on board
23.6 x 30.9
Toronto Public Library
(T.R.L.)/941-3-38

78.
Manitoba River Scene, c. 1870
Oil on board
17.9 x 24.2
Collection of Mrs. J. L. Forster
(Marion Hind)

79.
Manitobah, Sailing on River,
c. 1870
Oil on board
18.2 x 23.0
National Archives of Canada
/C-013976

80.
Duck Shooting, c. 1870
Oil on board
23.5 x 31.0
National Archives of Canada
/C-013971

81.
Horseman on the Prairies,
c. 1870
Oil on board
30.9 x 24.9
Private Collection

69.
*Traversier de la rivière Rouge
en direction de Saint-Boniface*,
v. 1870
Huile sur carton épais
29,3 x 44,5
M. et Mme Don Hind

70.
*Convoi de charrettes de
la rivière Rouge*, v. 1870
Huile sur carton épais
10,5 x 21,0
Toronto Public Library (T.R.L.)
Collection J. Ross Robertson
/JRR 3253

71.
*Scène de la Prairie manitobaine
avec trois figures, chevaux et
bétail*, v. 1870
Huile sur carton épais
25,2 x 37,7
Toronto Public Library
(T.R.L.)/941-3-36

72.
Route dans la Prairie, v. 1870
Huile sur carton épais
25,1 x 37,6
Archives nationales du Canada,
Ottawa /C-013967

73.
*Scène le long de la route avec
trois maisons et une figure,
Manitoba*, v. 1870
Huile sur carton épais
25,3 x 37,7
Toronto Public Library
(T.R.L.)/941-3-37

74.
*Champ de blé avec charrette
tirée par un bœuf*, v. 1870
Huile sur carton épais
18,9 x 25,0
Archives nationales du Canada,
Ottawa/C-013975

75.
*Maison de colon manitobain
et charrette de la rivière Rouge*,
v. 1870
Huile sur carton épais
25,1 x 37,7
Archives nationales du Canada,
Ottawa /C-013965

76.
*Bœufs avec charrette de
la rivière Rouge*, v. 1870
Huile sur carton épais
30,5 x 45,7
M. et Mme Don Hind

77.
*Métis fabriquant une roue pour
une charrette de la rivière Rouge*,
v. 1870
Huile sur carton épais
23,6 x 30,9
Toronto Public Library
(T.R.L.)/941-3-38

78.
Scène de rivière au Manitoba,
v. 1870
Huile sur carton épais
17,9 x 24,2
Collection de Mme J. L. Forster
(Marion Hind)

79.
*Manitoba, en bateau sur
la rivière*, v. 1870
Huile sur carton épais
18,2 x 23,0
Archives nationales du Canada,
Ottawa/C-013976

80.
Chasse au canard, v. 1870
Huile sur carton épais
23,5 x 31,0
Archives nationales du Canada,
Ottawa/C-013971

81.
Cavalier dans les Prairies,
v. 1870
Huile sur carton épais
30,9 x 24,9
Collection privée

82.
Shooting Grouse, c. 1870
Oil on board
24.5 x 36.7
Collection of Mrs. J. L. Forster
(Marion Hind)

83.
*Moose Hunting, Winter,
Manitoba*, c. 1870
Oil on board
19.8 x 30.5
Collection of Mrs. J. L. Forster
(Marion Hind)

84.
*Lumberman Chopping Tree in
Winter, Manitoba*, c. 1870
Oil on board
26.8 x 31.6
Toronto Public Library
(T.R.L.)/941-3-39

85.
*Lumbering Scene with Two
Figures and Ox-Drawn Red River
Cart in Winter*, c. 1870
Oil on board
23.3 x 30.9
Toronto Public Library
(T.R.L.)/941-3-40

86.
Felled Tree and Axe in Winter,
c. 1870
Oil on board
23.3 x 31.0
Toronto Public Library
(T.R.L.)/941-3-41

87.
Crossing Prairie in Winter,
c. 1870
Oil on board
17.3 x 31.1
National Archives of Canada
/C-013966

88.
Dog-Train, Manitoba, c. 1870
Oil on board
18.4 x 23.0
Toronto Public Library (T.R.L.)
J. Ross Robertson Collection
/JRR 3255

89.
Horse Drinking at an Ice Hole,
c. 1870
Oil on board
23.4 x 31.1
National Archives of Canada
/C-013972

90.
*Duck Shooting near Oak Lake,
Manitoba*, c. 1862-1870
Watercolour over pencil on paper
10.5 x 17.9
Toronto Public Library (T.R.L.)
J. Ross Robertson Collection
/JRR 3259

91.
*Duck Hunting on the Prairies
with an Emigrant Wagon Train
in the Distance*, c. 1870
Watercolour over pencil on paper
22.8 x 28.8
National Archives of Canada
/C-013969

92.
Breaking a Road in Manitobah,
c. 1870
Oil on board
20.4 x 25.5
National Archives of Canada
/C-013977

82.
Chasse à la perdrix, v. 1870
Huile sur carton épais
24,5 x 36,7
Collection de Mme J. L. Forster
(Marion Hind)

83.
*Chasse à l'orignal, hiver,
Manitoba*, v. 1870
Huile sur carton épais
19,8 x 30,5
Collection de Mme J. L. Forster
(Marion Hind)

84.
*Bûcheron débitant un arbre en
hiver, Manitoba*, v. 1870
Huile sur carton épais
26,8 x 31,6
Toronto Public Library
(T.R.L.)/941-3-39

85.
*Scène de bûcheronnage en hiver
avec deux figures et charrette de
la rivière Rouge tirée par un
bœuf*, v. 1870
Huile sur carton épais
23,3 x 30,9
Toronto Public Library
(T.R.L.)/941-3-40

86.
Arbre abattu et hache en hiver,
v. 1870
Huile sur carton épais
23,3 x 31,0
Toronto Public Library
(T.R.L.)/941-3-41

87.
Traversée de la Prairie en hiver,
v. 1870
Huile sur carton épais
17,3 x 31,1
Archives nationales du Canada,
Ottawa/C-013966

88.
Attelage de chiens, Manitoba,
v. 1870
Huile sur carton épais
18,4 x 23,0
Toronto Public Library (T.R.L.)
Collection J. Ross Robertson
/JRR 3255

89.
*Cheval s'abreuvant à un trou
dans la glace*, v. 1870
Huile sur carton épais
23,4 x 31,1
Archives nationales du Canada,
Ottawa/C-013972

90.
*Chasse au canard près de Oak
Lake, Manitoba*, v. 1862-1870
Aquarelle et crayon sur papier
10,5 x 17,9
Toronto Public Library (T.R.L.)
Collection J. Ross Robertson
/JRR 3259

91.
*Chasse au canard dans les
Prairies avec, au loin, un convoi
de chariots d'émigrants*, v. 1870
Aquarelle et crayon sur papier
22,8 x 28,8
Archives nationales du Canada,
Ottawa /C-013969

92.
*Ouverture de la route au
Manitoba*, v. 1870
Huile sur carton épais
20,4 x 25,5
Archives nationales du Canada,
Ottawa/C-013977

CREDITS / CRÉDITS

Curator/Préparation et montage: Mary Jo Hughes

Guest writer and researcher/Collaboration aux essais et recherche: Gilbert Gignac

Graphic designer/Conception graphique: Frank Reimer

Copy editor/Révision: Jenny Gates

Proofreaders/Lecture d'épreuves: Heather Mousseau, Nésida Loyer (version française)

Translator/Traduction: Nésida Loyer

Printer/Impression: Friesens Corp.

PHOTO CREDITS / CRÉDITS PHOTOGRAPHIQUES

Art Gallery of Ontario/Musée des beaux-arts de l'Ontario: cat. 2

British Columbia Archives/Archives de Colombie-Britannique: cat. 6, 18, 32, 38, 41, 43, 44, 45, 46, 47, 48, 51, 52, 53, 60, 62

Ernest Mayer, The Winnipeg Art Gallery/Musée des beaux-arts de Winnipeg: cat. 5, 7, 11, 12, 13, 15, 16, 21, 30, 61, 69, 76, 78, 81, 82, fig. 11, 12

McCord Museum of Canadian History/Musée McCord d'histoire canadienne: cat. 3, 19, 22, 25, 28, 29, 31, 33, 34, 35, 36, 37, 39, 40, 49, 50, 54, 56, 57, 58, 59, 63, 64, 65, 66, fig. 8

National Archives of Canada/Archives nationales du Canada: cat. 1, 8, 14, 17, 23, 24, 26, 27, 72, 74, 75, 79, 80, 87, 89, 91, 92, fig. 3

National Gallery of Canada/Musée des beaux-arts du Canada: fig. 16, 17

Oakland Museum of California/Oakland Museum (Californie): fig. 10

Provincial Archives of Manitoba/Archives provinciales du Manitoba: fig. 4, 5, 7, 9, 13, 14, 15

Toronto Public Library: cat. 4, 9, 10, 20, 42, 55, 67, 68, 70, 71, 73, 77, 84, 85, 86, 88, 90

222

This project has been made possible by the generous financial support of our sponsor Torys LLP, the Museums Assistance Program, Department of Canadian Heritage, and the Heritage Grants Program, Manitoba Culture, Heritage and Tourism.

Ce projet a été rendu possible grâce au généreux soutien financier de notre commanditaire, Torys LLP, du Programme d'aide aux musées du ministère du Patrimoine canadien ainsi que du Programme de subventions du patrimoine, ministère de la Culture, du Patrimoine et du Tourisme du Manitoba.

TORYS LLP

NEW YORK TORONTO

 Canadian Heritage   Patrimoine canadien

Manitoba Culture, Heritage and Tourism   Culture, Patrimoine et Tourisme Manitoba

223

 THE WINNIPEG ART GALLERY
Involving People In The Visual Arts

300 Memorial Blvd. Winnipeg, Manitoba R3C 1V1
Tel.: (204) 786-6641 Web: www.wag.mb.ca

CD-ROM

William Hind's
"Overlanders of '62 Sketchbook" –
A Journey across the Canadian West

«Le carnet Overlanders de 62»
de William Hind:
Voyage à travers l'Ouest canadien

A collaborative venture between The Winnipeg Art Gallery and the National Archives of Canada in conjunction with the exhibition *Hindsight – William Hind in the Canadian West*

Overlanders of '62 Sketchbook is in the collection of the National Archives of Canada/1963-097. Sketchbook photography and digitization courtesy of the National Archives of Canada.

Overlanders of '62 Sketchbook project curated by Mary Jo Hughes, Curator, Historical Art, The Winnipeg Art Gallery

CD-ROM authored by Richard Dyck, Winnipeg

Copy proofing: Jenny Gates

French translation and proofing: Nésida Loyer

Digital Imaging, National Archives of Canada:
David Knox, Vicky Dalrymple, Georga Whitehall, Gilbert Gignac

Projet de collaboration entre le Musée des beaux-arts de Winnipeg et les Archives nationales du Canada présenté dans le cadre de l'exposition *L'Ouest canadien selon William Hind: un nouveau regard*

Le carnet Overlanders de 62 fait partie de la collection des Archives nationales du Canada/1963-097. Photographie et numérisation fournie gracieusement par les Archives nationales du Canada.

Organisation et montage du projet *Le carnet Overlanders de 62*:
Mary Jo Hughes, conservatrice de l'art historique, Musée des beaux-arts de Winnipeg

Réalisation du CD-ROM: Richard Dyck, Winnipeg

Correction d'épreuves: Jenny Gates

Traduction: Nésida Loyer

Imagerie numérique, Archives nationales du Canada:
David Knox, Vicky Dalrymple, Georga Whitehall, Gilbert Gignac

224

FOR/POUR MICROSOFT WINDOWS:
Windows 95/98, ME, NT 4.0, 2000 or later / ou plus récent; Pentium 166; 32 MB of installed RAM / 32 Mo de mémoire vive
Netscape 4.0, Microsoft Internet Explorer 4.0, or America Online 4.0 Web browser / Fureteur web Netscape 4.0,
Microsoft Internet Explorer 4.0 ou America Online 4.0
Colour monitor / Écran couleur

FOR/POUR MACINTOSH:
System 8.1 or later / ou plus récent; Power PC 120; 32 MB of installed RAM / 32 Mo de mémoire vive
Netscape 4.0, Microsoft Internet Explorer 4.0, or America Online 4.0 Web browser / Fureteur web Netscape 4.0,
Microsoft Internet Explorer 4.0 ou America Online 4.0
Colour monitor / Écran couleur